JN061266

授業中

刑法演習

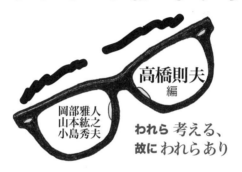

高橋則夫
編

岡部雅人
山本紘之
小島秀夫

われら 考える、
故に われらあり

信山社

は し が き

　本書は，前著『授業中　刑法講義 ── われ教える，故にわれあり』
が（私の視点から（笑））好評だったことから，今度は同じ雰囲気の演
習書を刊行してはどうかというお話をいただき，このたび刊行に至っ
たものです。書名は，『授業中　刑法演習 ── われら考える，故にわ
れらあり』というもので，学生諸君が，「教えてもらう」という受動
態から，主体的に，考え，そして議論するという能動態へと移行する
ための書というものです。もっとも，「学ぶ」ということ自体がつね
に能動態だと思いますので，前著では，まるで考えなくていいという
ことではありません（それは，丸出だめ夫です（笑））。

　法学部において，いわゆる「ゼミ」というものが，きわめて重要な
地位を占めていることはご存知でしょう。ゼミでの出会いがその後の
人生に大きく影響する人も少なからずいるはずです。ゼミの中にも，
司法試験や予備試験を目指すゼミから，サークル的なゼミまでいろい
ろありますが，多くのゼミでは，具体的な事例・事案を素材に，みん
なで激しく，楽しく，美しく（笑），議論するわけです。

　具体的な事例・事案を素材に勉強することは，ゼミにおいてのみな
らず，自学自習においても重要であることはいうまでもありません。
法律学は，基本的に，具体的事案を解決するための実践的な学問だか
らです。その際，判例を素材にする場合もありますが，判例百選など
に取り上げられている事案はレアケース，例外事例であり（だからこ
そ面白いのですが），最初からこれに立ち向かうのは，多くの学生にとっ
てシンドイのではないでしょうか。すなわち，そこで扱われている事
案，あるいは長文で複雑な事例を挙げてある演習書に進む前に，典型
的・基礎的な事例を処理する能力を身につけることが大事ではないか

i

と思います。まずは，因果関係や不作為犯などの典型事例，窃盗罪や詐欺罪などが当然成立する典型事例を理解して，次に，それぞれの例外事例に挑戦するというのが，法律学の学習順序として妥当ではないでしょうか。

　というわけで，本書は，典型的・基礎的事例を素材にした演習本であり，分厚い教科書を読む際に，前著と同様，肌身離さず携帯して使用すれば，みなさんの明るい未来が確実に到来すること間違いありません。

　ただ，私一人で多くの事例問題を作成し解説するのはなかなかシンドイことなので，今回は私の単著ではなく編著（変著ではない（笑））として，岡部雅人先生，山本紘之先生，小島秀夫先生にご協力いただきました。この場を借りて，厚く御礼申し上げます。それぞれの先生は，日頃の刑法教育について様々な工夫をなされており，学生の「躓きの石」をご存知であり，本書の趣旨にピッタリな先生方です。また，前著と同様，信山社出版の柴田尚到氏に細々したことまで大変お世話になり，感謝申し上げます。

　本書によって，『授業中　刑法』シリーズが一応完結するわけですが，さらに，何か良い企画があれば，絶賛募集中ですので，どしどし応募して下さい（笑）。とにかく，リアル授業が大好きなので，コロナ禍で「オンライン授業」や「ハイブリッド授業」を強いられるのが苦痛であり，「zoom in リアル」の早すぎた実現を祈っています。

2021 年 2 月 28 日

編者として

高 橋 則 夫

目　　次

目　　次

各　　論

【個人的法益に対する罪】

目　　次

凡　　例

・条文は，特に断わりがないときは，刑法を指す。

・本文中の〈総○○頁〉は高橋則夫『刑法総論』（成文堂，第4版，2018年）を，〈各○○頁〉は同『刑法各論』（成文堂，第3版，2018年）を指す。

総　　論

序　刑法事例で絶望しないための方法序説

1　法的三段論法

　法の解釈は，そこで得られた枠組みに具体的事案をあてはめるために行う作業です。この点が，古文の解釈や英文の解釈と異なるわけです。したがって，法の解釈それ自体で完結せず，それに具体的事案をあてはめ，一定の法効果を導く必要があります。

　まずは，『授業中　刑法講義』4頁で述べたように，「**法的三段論法**」を身につけてください。

大前提　：　要件　→　効果　＝　規範
　　　　↓
小前提　：　事実　＝　あてはめ
　　　　↓
結論

　この大前提（規範）を教科書で学び，小前提（事実）のあてはめを演習書で学ぶわけです。刑法では，すぐ後で述べるように，「**犯罪論体系**」というものがあり，その内容をしっかりと学び，規範に具体的事実をあてはめるという作業を行います。

　例えば，殺人罪（199条）を例にすれば，「人を殺した」という要件に事実をあてはめるわけですが，この「人を殺した」といえるためには，第1に，人による外部的な態度でなければなりません。すなわち，「犯罪は行為である」という行為原理から派生するものです。第2に，法的に違法である行為がすべて犯罪となるわけではなく，刑法では，

3

刑罰を科すことが必要かつ相当な場合に限定されます。つまり，可罰的な行為ということで，一定の可罰的な枠・型が設定されるわけであり，これを「**構成要件**」といいます。殺人罪における「人を殺した」といえるためには，殺人罪の構成要件に該当しなければならないのです。要するに，構成要件は条文を解釈して得られる観念像です。「条文は目に見えるが，構成要件は目に見えない。」といわれる所以です。

2　構成要件該当性

　一定の行為が，一定の構成要件に該当するか否かを判断するためには，当該犯罪の**構成要件要素**にあてはまるかを逐一チェックしていく必要があります。構成要件要素は次のように分類されています。

構成要件要素
(1) 客観的構成要件要素
　①行為主体　②行為客体　③実行行為　④結果　⑤因果関係
(2) 主観的構成要件要素
　⑥故意　⑦過失　⑧目的

　例えば，「Xが，殺意をもって，Aに対してピストルの銃口を向け，発砲した結果，Aが死亡した。」という事例を検討してみましょう。
　殺人罪において，①の行為主体には限定はありませんから，Xは行為主体となります。②の行為客体は「人」であり，Aは「人」ですから，Aは行為客体となります。③の実行行為については，実行行為とは何かという大問題がありますが，ここでは，法益に対する客観的危険性を有する行為と一応定義しておきます。これによれば，ピストルを発砲することは，法益である「人の生命」に対する危険な行為ですから，実行行為性を有するといえます。Aは死亡したのですから，④の結果も発生しています。ピストルの発砲とAの死亡との間には因

果関係もあり，⑤も肯定されます。さらに，Xには殺意がありますので，⑥の故意が認められます。

　以上のように，Xの行為は，殺人罪の客観的構成要件要素と主観的構成要件要素を充足し，結論として，殺人罪の構成要件該当性が肯定されることになります。

3　違法阻却事由・責任阻却事由

　一定の構成要件に該当すれば，原則として犯罪が成立します。しかし，例外的に犯罪ではなくなる場合があります。例えば，Xが発砲したのは，AがXに向けてピストルを発砲しようとしたためであった場合，Xの行為には**正当防衛**（36条）が成立し，**違法性**が阻却されることになります。また，例えば，精神障害により，自分の行為が良いか悪いかわからず（弁識能力の欠如），行為を押しとどめることができなかった（制御能力の欠如）場合，Xは**責任無能力**（39条）となり，Xの行為は，**責任**が阻却されます。前者の，違法性を阻却するのが違法阻却事由であり，後者の責任を阻却するのが責任阻却事由です。

　違法性の本質については，争いがありますが，一般に法益侵害という点に求められています。また，責任の本質についても，争いがありますが，一般に非難可能性という点に求められています。

（1）違法阻却事由
　　①正当防衛（36条）
　　②緊急避難（37条）
　　③正当行為（35条）
　　④被害者の同意・自救行為など
（2）責任阻却事由
　　①責任無能力（心神喪失）（39条1項）
　　②限定責任能力（心神耗弱）（39条2項）

③刑事未成年（41条）
④違法性の意識の可能性（38条3項）
⑤期待可能性
⑥責任故意・責任過失（争いあり）

4　犯罪論の体系

以上から，犯罪とは「構成要件に該当する違法かつ有責な行為である。」と定義づけられています。しかし，一定の構成要件に該当した場合には，原則として違法となるので，例外として，違法阻却，責任阻却が認められるかを判断すればいいわけです。

したがって，事例問題を解決する順序としては，行為を特定し，それに対する構成要件該当性の判断を行い，その後，違法阻却，責任阻却という判断ということになります（なお，本書では，構成要件該当性の判断で完結する場合には，違法阻却事由や責任阻却事由が存在しないことをあえて指摘しません。）。

5　罪刑法定主義

刑法の原則の一つに，罪刑法定主義があります。すなわち，「**法律なければ犯罪なし，法律なければ刑罰なし**」という原則です。この原則の内容の一つに，「**類推解釈の禁止**」というものがあります。類推解釈とは，法律に規定のない事項につき，これと類似の性質を有する事項に関する他の法律を適用することをいい，解釈という作業をしていないという意味で，「類推適用の禁止」という名称の方が妥当でしょう。刑法の法効果は，刑罰という峻厳なものですから，厳格解釈が求められるわけです。

刑法の解釈については，法の解釈一般と同様，まず，条文の文言にこだわる文理解釈が出発点となります。他人の犬を撲殺しても，殺人罪にならないのは，殺人罪の客体が「人」であり，「犬は人ではな

い」という（反対）解釈から帰結されるわけです。刑法で最も問題となる解釈が拡張解釈です。解釈の許される範囲はどこまでなのかということが，とくに刑法各論で問題となります。

　文理解釈を基礎として，当該条文の趣旨，目的等を考慮して，目的論的・体系的解釈をしますが，その過程で，条文の拡張解釈が行われます。例えば，法益保護の視点から条文の文言を拡張することもあり，それが具体的妥当性から許容される場合もあるでしょう。しかし，法益保護は，前述した構成要件該当性を通して実現されるのであり，当該犯罪の構成要件要素が充足されることが前提となるのです。

6　事例問題処理の方法

　事例・事案は，例えば，行為主体がいろいろな行為をする事実から構成されています。その中から，刑法的評価をする対象である刑法上の「行為」を特定する必要があります。例えば，行為主体であるＸが様々な行為を遂行したとしても，朝起きて歯を磨く行為や朝食を食べる行為などは刑法上の行為とはいえません。行為とは何かについてここでは詳しく述べませんが，刑法的評価を予定した社会的に意味のある行為といってよいでしょう。いわば，検察官がどの行為を起訴するかという視点といってもいいでしょう。本書では，基本的事例を取り扱うことから，この点はあまり問題となりませんが，司法試験等の問題では，長文で複雑な事実が示されており，この**行為の特定**が重要な課題となります。

　行為が特定された後，この行為に構成要件該当性が認められるか否かが問題となります。前述した，各犯罪の構成要件要素を充足するか否かをチェックするわけです。構成要件該当性が肯定されれば，原則として，当該犯罪は成立します。しかし，例外的に，違法性が阻却される場合，責任が阻却される場合があり，これらの場合には，違法阻

却事由の有無の判断，責任阻却事由の有無の判断を行う必要があります。そして，それらの阻却事由が認められない場合に，犯罪が成立します。

　このような方法で，具体的事例を処理していけば，基本的に大丈夫ですので，それでは，各問題に取り組んでいきましょう。

（高橋則夫）

第1回　因果関係

1　因果関係とは

　一般的に，「犯罪とは，構成要件に該当し，違法かつ有責な行為をいう」と定義されます。このうち構成要件該当性が認められるためには，その客観面として，実行行為と結果との間に**因果関係**が必要となります〈総117頁〉。因果関係とは，その原因となった実行行為と，それによって生じた結果とを結びつける関係性のことです。では，因果関係があるといえるためには，実行行為と結果との間に，どのような関係が必要なのでしょうか。具体例を使って考えてみましょう。

> 問題1-1：Xは，Aを殺害しようとしてAに致死量の毒薬を飲ませた。その毒薬が効いたことによってAは死亡した。

　Xの行為を殺人罪（199条）の構成要件にあてはめると，実行行為には「XがAに致死量の毒薬を飲ませる行為」が，結果には「Aの死（生命侵害）」が，因果関係には「XがAに飲ませた毒薬が効いたから」ということが，故意にはXの「Aを殺害することの認識」が，それぞれ対応します。

　このうち，「XがAに飲ませた毒薬が効いたから」という因果関係の有無は，事実的因果関係と法的因果関係の2段階で判断されます。

　まず，**事実的因果関係**は，「あれなければこれなし」という**条件関係**の公式にあてはめて判断されます〈総118頁〉。本問でも，「XがAに致死量の毒薬を飲ませなければAが死ぬことはなかった」といえますので，Xの実行行為とAの死の結果との間には，事実的因果関係が

認められます。

　次に，**法的因果関係**は，「大阪南港事件」〈総131頁〉を契機として，今日では，実行行為によって創出された危険が結果へと現実化したかという判断枠組み（「危険の現実化」説）によって判断されるのが一般的となっています〈総136頁〉。これは，①その行為によって法益に対する許されない危険が惹き起こされたかどうか（**危険創出**），②そのような法益に対する危険が結果として実現したかどうか（**危険実現**）を考慮して，法的因果関係の有無を判断するものです〈総133頁以下〉。この判断枠組みにあてはめると，Xがしたことは，Aに致死量の毒薬を飲ませる行為ですので，それによってAの生命に対する許されない危険が惹き起こされたといえます。そして，その危険がAの死という形で結果として実現したといえます。したがって，Xの実行行為とAの死の結果との間には，法的因果関係も認められます。

　よって，本問では，XがAに毒薬を飲ませるという実行行為，Aの死という結果の発生，その間の因果関係が認められ，Xには殺人の故意も認められますので，Xの行為は殺人罪の構成要件に該当し，Xには殺人罪が成立します。

2　条件関係の断絶

> 問題1-2：Xは，Aを殺害しようとしてAに致死量の毒薬を飲ませた。その毒薬が効く前に，Xとは無関係のYがAに向かって拳銃を発射し，その弾丸が当たったことでAは死亡した。

　本問では，Xが殺意をもってAに毒薬を飲ませるという殺人罪の実行行為があり，Aの死という結果も発生しています。しかし，この場合にXに殺人罪が成立すると考える人は，ほとんどいないでしょう。結論的にはそのとおりなのですが，それはなぜでしょうか。

　本問のＡは，Ｘとは無関係のＹに射殺されています。つまり，「Ｘ
がＡに致死量の毒薬を飲ませなくてもＡは死亡した」といえます。
そうすると，「ＸがＡに致死量の毒薬を飲ませた」という実行行為と，
「Ａが死亡した」という結果との間には，「あれなければこれなし」と
いう条件関係はありませんので，事実的因果関係が否定されます。そ
れゆえ，法的因果関係を検討するまでもなく，ＸがＡに毒薬を飲ませ
るという実行行為と，Ａの死という結果との間に，因果関係はないこ
とになります。

　殺人罪の構成要件該当性は，実行行為はあっても結果がない場合に
は認められず，その場合，殺人未遂罪（199条，203条）の構成要件該
当性が認められます。また，結果がない場合だけでなく，因果関係が
ない場合にも，殺人罪の構成要件該当性は認められず，殺人未遂罪の
構成要件該当性が認められます。

　よって，本問では，ＸがＡに毒薬を飲ませるという実行行為，Ａの
死という結果，Ｘの殺人の故意は認められますが，Ｘの実行行為とＡ
の死の結果との間の因果関係が認められませんので，Ｘの行為は殺人
罪の構成要件には該当せず，殺人未遂罪の構成要件に該当し，Ｘには
殺人未遂罪が成立します。

3　因果関係の中断

問題1-3：Ｘは，Ａを殺害しようとしてＡをナイフで刺し，Ａに重傷
を負わせた。Ａは直ちに病院に運ばれ，なんとか一命を取り留めた。
ところが，Ａが入院中の病院で大規模な火災が発生し，その火災によっ
てＡは死亡した。

　本問では，Ｘが殺意をもってＡをナイフで刺すという殺人罪の実行
行為があり，Ａの死という結果も発生しています。しかし，Ａは病院

で一命を取り留めており，その後の病院の火災によって死亡していますので，やはり，Xの実行行為とAの死の結果との間の因果関係が問題となります。

　まず，事実的因果関係はどうでしょうか。本問では，「XがAをナイフで刺さなければ，Aは病院に運ばれることはなかったのだから，病院で発生した火災によってAが死ぬこともなかった」といえますので，Xの実行行為とAの死の結果との間の事実的因果関係が認められます。

　しかし，このことで，「Aが死んだのは甲のせいだ！　甲は殺人罪だ！」とするのは行き過ぎのような感じがしますよね。それゆえ，実行行為と結果との間には，事実的因果関係だけでなく，それを限定する法的因果関係が必要となるのです。「危険の現実化」説の判断枠組みにあてはめてみましょう。

　まず，①危険創出ですが，XがしたことはAをナイフで刺す行為ですので，それによってAの生命に対する許されない危険が惹き起こされたといえます。しかし，②危険実現については，Aは病院で発生した火災という①の危険から通常は起こりえない危険によって死亡しているので，①で惹き起こされた危険が結果として実現したとはいえません。それゆえ，本問では，Xの実行行為とAの死の結果との間の法的因果関係は認められません。

　よって，本問では，XがAをナイフで刺すという実行行為，Aの死という結果の発生，Xの殺人の故意は認められますが，Xの実行行為とAの死の結果との間の因果関係が認められませんので，Xの行為は殺人罪の構成要件には該当せず，殺人未遂罪の構成要件に該当し，Xには殺人未遂が成立します。

4　特殊な事情の介在

> 問題1-4：Ｘは，通りすがりのＡとすれ違ったときにたまたま肩がぶつかったため，カッとなってＡの胸部を拳で強く殴った。その暴行は，相手が普通の人であれば死ぬほどのものではなかったが，Ａは重度の心臓病を患っていたため，そのショックによって死亡してしまった。なお，Ｘは，Ａが心臓病であることを知らなかった。

　本問では，ＸがＡを殴ったことによってＡが死亡しています。だからといって，「Ｘは殺人罪だ！」と，早とちりしてはいけません。38条1項本文が，「罪を犯す意思がない行為は，罰しない。」としていますので，Ｘの行為が殺人罪の構成要件に該当するには，Ｘに殺人罪の故意が必要だからです。ＸにはＡを殺すつもりまではなかったとみるべきでしょうから，Ｘの行為は殺人罪の構成要件には該当しないというべきでしょう。このように，相手に暴行ないし傷害を加えるつもりはあったけれども，殺すつもりまではなかったのに，勢い余って相手を死なせてしまった，という場合には，傷害致死罪（205条）の成否が問題となります。

　「なるほど。じゃあ，Ｘは傷害致死罪だ！」とすぐにいえるかというと，そうはいきません。ＸがＡを殴る行為とＡの死の結果との間の因果関係が認められなければ，Ｘの行為が傷害致死罪の構成要件に該当するとはいえないからです。

　まず，本問では，「ＸがＡを殴らなければ，Ａが死ぬことはなかった」という条件関係はあるので，Ｘの実行行為とＡの死の結果との間の事実的因果関係は問題なく認められます。

　では，法的因果関係はどうでしょうか。本問のＡの死亡結果には，Ａが重度の心臓病を患っていたという**特殊な事情**が介在しています。このような場合でも，ＸがＡを殴る行為とＡの死の結果との間に法的因果関係は認められるでしょうか〈総139頁（布団むし心臓疾患事件）

参照〉。「危険の現実化」説の判断枠組みにあてはめてみましょう。

　まず，①危険創出ですが，Ｘがしたことは，重度の心臓病を患った
Ａの胸部を拳で強く殴る行為ですので，それによってＡの生命に対す
る許されない危険が惹き起こされたといえます。因果関係の有無は客
観的に判断されますので，ＸがＡの心臓病のことを知っていたかどう
かは関係ありません。②危険実現については，重度の心臓病を患った
Ａの胸部を拳で強く殴れば，そのショックでＡが死亡してしまうであ
ろうことは想像に難くありませんから，本問では，①で惹き起こされ
た危険が，まさに結果として実現したといえます。それゆえ，Ｘの実
行行為とＡの死の結果との間の法的因果関係も認められます。

　よって，本問では，ＸがＡを殴るという実行行為，Ａの死という結
果の発生，その間の因果関係が認められ，Ｘには殺人の故意はなく，
暴行ないし傷害の故意しか認められませんので，Ｘの行為は傷害致死
罪の構成要件に該当し，Ｘには傷害致死罪が成立します。

5　第三者の行為の介在

> 問題1-5：Ｘは，Ａを普通乗用自動車の後部のトランクに押し込み，脱
> 出できない状態にして，深夜，その車を車道上に停車していた。その際，
> 後方から走行してきたＹの運転する普通乗用自動車が，前方不注視に
> よりＸの車に追突し，トランク内のＡは死亡した。

　本問では，ＸによるＡの監禁行為があり，そのことがきっかけとなっ
てＡが死亡していますので，Ｘに監禁致死罪（221条）が成立するか
が問題となります〈総145頁（トランク監禁致死事件）参照〉。ここでは，
「ＸがＡを監禁したことによってＡが死亡した」といえるかという，
因果関係の問題がメインの論点となります。

　まず，本問では，「ＸがＡを車のトランクに監禁して停車していな

ければ，Yに追突されることはなかったのだから，それによってAが死ぬこともなかった」という条件関係はあるので，Xの実行行為とAの死の結果との間の事実的因果関係は問題なく認められます。

　では，法的因果関係はどうでしょうか。本問では，Xによる監禁行為とAの死亡結果との間に，Yによる追突行為という**第三者の行為が介在**しています。このような場合でも，XがAを監禁する行為とAの死の結果との間に，法的因果関係は認められるでしょうか。「危険の現実化」説の判断枠組みにあてはめてみましょう。

　まず，①危険創出ですが，車のトランクは人が乗ることを想定した場所ではなく，衝突時にあえて潰れることで衝撃を吸収する「クラッシャブルゾーン」と呼ばれる部分です。Xは，そのような場所にAを監禁し，その車を車道上に停車することによって追突の危険を高めたわけですから，Xの行為は，「**危険状況の設定**」による人の生命に対する許されない危険を惹き起こすものだったといえます。また，②危険実現についても，①で惹き起こされた危険によってYによる追突行為が**誘発**され，Aの死という結果が実現したといえます。それゆえ，Xの実行行為とAの死の結果との間の法的因果関係も認められます。

　よって，本問では，XがAを監禁するという実行行為，Aの死という結果の発生，その間の因果関係が認められ，Xには監禁の故意も認められますので，Xの行為は監禁致死罪の構成要件に該当し，Xには監禁致死罪が成立することになります。

（岡部雅人）

第 2 回　不作為犯

1　不作為犯とは

　今回は不作為犯を学びます。不作為とは，積極的な行為をしないという意味ですので，不作為犯とは，積極的な行為をしないことが犯罪となることを意味していることになります。刑法の条文の中には，積極的な行為をしないことを犯罪として定めているものがいくつかあります。その典型例が以下の問題 2–1 の場合です。

> 問題 2–1：X は，友人 A に招かれて A 宅で飲酒していたものの，深夜になって A から「そろそろ帰れ！」と何度も言われたにもかかわらず，居座った。

　結論を先にいえば，問題 2–1 の X は，130 条後段に当たります。130 条後段というのは，「又は要求を受けたにもかかわらずこれらの場所から退去しなかった者は」とある部分です。このように，条文が最初から「……しなかった」というような不作為を実行行為として予定している類型のことを，真正不作為犯といいます。正真正銘の不作為犯，という意味です。真正不作為犯は，そのほか 107 条（多衆不解散罪）などがありますが，単に数が少ない，漢字が多すぎて読みづらいというだけで，条文そのものに難しい点はありません。あとは，130 条後段にいう「住居」とは何かなどの勉強を刑法各論で行うだけです。こういった理由で，問題 2–1 を通じて学ぶべきことは真正不作為犯という類型が存在するということだけであって，それ以上のことは刑法各論で学ぶべきことがらですので，主体などの細かな構成要件要素につ

16

いてはここでは立ち入りません。「第二編　罪」の個別の条文の勉強
をするのは刑法各論です。

　とはいえ，犯罪のほとんどは，真正不作為犯とは別の類型です。例
えば199条の「殺した」という行為はナイフで刺すとか，毒薬を飲
ませるといった作為によってなされるのが通常です。刑法の犯罪は，
真正不作為犯という例外を除いて，作為によってなされる行為を定め
ています。現住建造物放火罪（108条）における「放火した」も，詐
欺罪（246条）における「人を欺いて」も，通常は作為によってなさ
れます。行為者が作為をなしていない（不作為である）にもかかわら
ず，それらの類型にあたる場合も実はあります。そういった場合を不
真正不作為犯と呼びます。条文上は不作為犯には見えないので，不真
正不作為犯と呼ばれているわけです。今回は，どのような場合に不真
正不作為犯が成立するかを学びます。

2　不真正不作為犯の成立要件

　不真正不作為犯は，結果を防止するための作為に出る義務（①作為
義務）に違反した場合に成立します。また，その義務の履行が可能で
なければなりません（②作為可能性）。その他，通常の作為犯の場合と
同様，前回で学んだ③因果関係も必要です。

　では，以下のような場合を考えてみましょう。

> 問題2–2：一人暮らしのXは，隣人Aが旅行に行っている間における
> 生後3か月のAの子Bの世話を，日当を受け取った上で引き受けたも
> のの，自宅でBの泣き声を聞いた途端に世話をする気を失い，何もし
> なければ死んでしまうことはわかっていたものの，作り方を教えられた
> うえでミルク等も預かっていたにもかかわらず一切の世話を行わなかっ
> たため，Bは衰弱して死亡してしまった。後の鑑定で，Bは預かる前は
> 健康であったので言われたとおりにミルクを与えていればBは死なず

に済んだことが明らかになった。

　結論を先にいえば，問題2-2のXは殺人罪の罪責を負います。Xは首を絞めるなどの「殺す」行為を行っていません。それにもかかわらず問題2-2のXに「殺した」という殺人罪の**実行行為**は認められると考えうるのです。こうしてみると，不作為犯において問題となるのは実行行為ということになります。

　問題2-2のXは，作為によって人の死を惹き起こしたわけではありません。しかし，実際にXが行ったことは，Bを見殺しにしているのであって，「人を殺した」とみることは不自然ではありません。一般的な考え方は，むしろそのように考えるべきだとしています。つまり，「殺した」という文言は不作為も含みうる，という解釈が一般的になされています。

　では，上の①～③の要件に沿って，問題2-2を見てみましょう。①Xは日当を受け取った上でBの世話を引き受けていますので，Bの世話という作為義務を負っています。また，②作り方も教えられたうえでミルク等を預かっていますので，ミルクを作るという作為も可能です。そして，③その作為に出ていれば死亡という結果を回避できたので，因果関係もあります。このようにして，問題2-2は，不真正不作為犯が成立する典型的なケースとして位置づけることができます。もちろん，殺人罪は故意犯ですので故意も必要ですが，Bが死んでしまうことをXはわかっていたので故意も認められます。以下，それぞれの要件をもう少し細かく見てみましょう。

3　作為義務

　不真正不作為犯が成立するには作為義務という要件が必要です。例えば以下のような場合を考えてみましょう。

> 問題 2-3：問題 2-2 において，Ｘの隣人Ｙはその一部始終を知っていたものの，結局何もしなかったので，Ｂは死亡してしまった。

　問題 2-3 のＹも，「Ｂの世話をしなかった」という点ではＸと同様です。しかし，Ｙを殺人罪で処罰すべきかといえば，そうではないでしょう。ＸとＹの違いがどこにあるかといえば，作為義務の有無です。ＸはＢの世話を引き受けているものの，Ｙはそうではないため，Ｘにしか作為義務がないわけです。

　では，どのような場合にそうした作為義務が生じるのでしょうか。伝統的には，法令や契約，さらに条理（特に先行行為）によって生じるといわれてきました。問題 2-2 では，ＸはＡと契約を交わしていますので，契約に基づいて作為義務が生じているということができます。もっとも，現在の見解の多くは，法令・契約・条理は法的な義務を基礎づけることはできたとしても，刑法上の義務までは基礎づけられないと考えています。例えば契約によって義務づけられるのはあくまでも民法上の義務にとどまるのであって，最高で死刑を科しうる刑法上の殺人罪を基礎づける義務が民法から生じる，ということはたしかに疑問かもしれません。そこで，より実質的な観点から，事実上の引受けや排他的支配がある場合にだけ作為義務が生じるとする見解が有力に主張されています〈総 159 頁以下〉。これらの見解から検討してみると，問題 2-2 では，ＸはＢの世話を引き受けていますし，一人暮らしですので排他的な支配も認められます。このようにして，問題 2-2 はどの見解によったとしても作為義務が認められる事案です。

4　作為可能性

　法は不可能を強いませんので，救命行為が可能な場合でなければ処罰はできません（**作為可能性**）。問題 2-2 では，ミルクを作ることは可

能なわけですから，この要件も充たしています。

　他方，以下のような場合を考えてみましょう。

> 問題 2-4：問題 2-2 において，X は，突然めまいがして気を失ってしまい，その間に B が衰弱して死亡してしまった。なお，X は一命を取り留めた。

　このような場合に，X に「世話をせよ。さもなくば処罰する」というわけにはいきませんので，作為可能性という要件が欠けるため，不真正不作為犯としての殺人罪は成立しません。

5　因果関係

　最後に，不真正不作為犯でも**因果関係**がなければいけません。不真正不作為犯における因果関係とは，要は「その人の不作為のせいで結果が発生した」ということですから，「期待されていた作為があれば十中八九結果が発生しなかった」という場合に因果関係が肯定されます〈総 154 頁以下〉。問題 2-2 では，鑑定によって，ミルクを与えていれば B が生存していたことが明らかになっていますので，この要件も充たされています。

　他方，以下のような場合も考えてみましょう。

> 問題 2-5：問題 2-2 において，B は A も気づいていない病気に罹患していたため，X が適切な世話をしていたとしても死亡していた可能性が高いことが明らかとなった。

　この場合，X はたしかに作為義務を果たしてはいません。しかし，作為に出たとしても B の死亡という結果を回避することはできません。そのため，X の不作為のせいで結果が発生したとはいえず，X は殺人罪の罪責を負いません。作為義務違反と作為可能性は認められる

ので，実行行為はありますから，殺人未遂罪が成立します。

6　他の犯罪の場合

さて，これまで殺人罪が問題になる事案を念頭に置いて，不真正不作為犯について考えてきました。ただ，私たちが学んでいるのは，犯罪に関する一般的な考え方（ルール）である総論（総則）です。一般的な考え方ですから，ほかの条文にも同じことがいえます。

すこしおさらいしましょう。伝統的には法令などの形式的な点，近時は排他的支配などの実質的な点を充たす場合には刑法上の作為義務が生じ，その違反が例えば「殺した」などの要件を充たすことになるわけです。これは，問題になる条文が現住建造物放火罪（「放火した」）や詐欺罪（「欺いて」）であっても同様です。具体的に考えてみましょう。

> 問題2-6：実家住まいの会社員Xは，友人AおよびBとカセットコンロですき焼きの準備をしていたところ，AとBに買い出しを依頼し，両名は「火はよろしくね」とXに伝えて外出した。その間，Xはコンロに点火したところで電話を始め，それに夢中になっていた間にコンロの炎が燃え上がり，天井の壁紙に燃え移った。電話を切ったXはそれを見て，消火器を使えば容易に消火できるとは思ったものの（実際にも容易であったことも後の現場検証で判明した），自分のバッグだけを取ってX宅を後にしたところ，X宅のマンション全体の半分が焼失してしまった。

問題2-6のXにも，作為義務違反があります。人を招くという先行行為がある以上，お肉や飲み物を用意する義務が生じます。もちろんこれは道義上の義務にとどまりますので注意してください（笑）。

刑法上の作為義務違反は，問題文後半の，消火しなかったという点にあります。火事になることを分かった上で消火しなかったという不

作為を理由に，現住建造物放火罪（108条）の罪責を負います。先ほどの考え方に沿って検討してみましょう。

　まずXは，自分でコンロに点火していますから，先行行為があります。そのため，伝統的な考え方によれば作為義務はあります。さらに，火の管理をAおよびBから依頼されて引き受けていますから，引受け説によっても作為義務があります。その上，友人2名は買い出しに出かけてしまったため，火の管理はXにしかできませんので，排他的支配も充たされています。

　ここでも，（現住建造物放火罪の）構成要件要素が充たされていることを確認しましょう。

故意：火事になることを分かっている
実行行為：消火する作為義務があるにもかかわらずそれを果たさない
結果：マンションの半分の焼失（焼損）
因果関係：消火器を使えば容易に消火できた

　このように，どの罪であっても，法令や引受けなどの作為義務の発生根拠があるかどうかという観点から事例を具体的に検討していくことになります。

（山本紘之）

第3回　故　意

1　故意犯処罰の原則

　刑法で定められている犯罪は，原則としてわざと行う意思がなければ成立しません（38条1項）。この「わざと」を刑法では「**故意**」と呼び，そのような原則を「**故意犯処罰の原則**」といいます。なぜ刑法は，故意犯処罰の原則を定めているのでしょうか。刑法の目的である法益の保護を達成するためには，まずは故意がある行為を処罰する必要があり，その効果も認められるからです。それでは，どんな場合に故意が認められるのか，問題 3-1 を見てみましょう。

2　故意の認識対象

> 問題 3-1：Xは，金遣いが荒いことを妻Aから再三注意され，腹を立てていた。ある日，Aが再び同様の注意をしたため，これ以上注意されないようAを殺すしかないと考えたXは，台所にある刃渡り10センチメートルの果物ナイフでAの心臓を突き刺し，Aを死亡させた。

　故意が認められるためには，行為者が，構成要件にあてはまる事実を認識していなければならないとされています。すなわち，構成要件の客観的内容（客観的構成要件要素）を認識する必要があります。構成要件の客観的内容は，①行為の主体，②行為の客体，③行為の態様・状況，④結果，⑤因果関係などです。

　問題 3-1 の事実をあてはめてみると，Xに殺人罪（199条）の故意が認められるためには，Xが「人を殺す」ことを認識していなければ

なりません。すなわち，①Ｘが，②Ａという他人を，③刃渡り10セ
ンチメートルの果物ナイフでＡの心臓を突き刺す，④Ａの死亡，⑤
Ｘの行為が原因でＡが死亡する，という認識が必要です。Ｘは，Ａを
殺すしかないと考えてＡの心臓を突き刺していますので，①〜⑤の
内容を認識していることがうかがえ，殺人罪の故意が認められます。

　ひとまず問題3-1において，殺人罪の構成要件が揃っていることを
確認しましょう。

実行行為：刃渡り10センチメートルの果物ナイフでＡの心臓を突き刺す
結果：Ａの死亡
因果関係：Ｘの刺突行為がなかったならばＡは死亡しなかったはずであ
　　　　　り，Ｘの行為がＡの死亡の直接の原因を作り出している
故意：刃渡り10センチメートルの果物ナイフでＡの心臓を突き刺して
　　　いる

3　意味の認識

　問題3-1のＸに殺人罪の故意が認められるのは，ＸがＡを「人」で
あると認識していたからであって，単に「実際に存在するもの」とし
て知覚していただけでは，故意を認めることができません。例えば，
林の中で「動く物体」（＝実際に存在するもの）を知覚し，それが「熊」
であると思って発砲したところ実は人だったという場合，「殺人」罪
の故意を認めることはできないでしょう。では逆に，故意が認められ
るためには，その対象についての専門的な知識まで認識していなけれ
ばならないのでしょうか。問題3-2をもとに考えてみましょう。

　問題3-2：Ｘは，裕福に暮らすＡから金を巻き上げようと企み，実際
にはＡがＸから金を借りた事実がないにもかかわらず，借主としてＡ
の名前を記入して「私はＸから○○○○年○月○日を返済期日として
金100万円を借りました。」とするＡ名義の借用証書を作った。

　結論から先にいえば，問題 3-2 は，有印私文書偽造罪 （159 条 1 項）が成立する事案です。159 条 1 項を見てみましょう。有印私文書偽造罪が成立するためには，「行使の目的で，他人の印章若しくは署名を使用して権利，義務若しくは事実証明に関する文書若しくは図画を偽造」しなければなりません。その際 X は，「A 名義の借用証書が 159 条 1 項の文書にあたる」ことまで認識する必要はあるでしょうか。159 条 1 項に定められている「文書」とは，判例・通説によれば，文字またはこれに変わるべき可読的符号（例えば点字など）を用いて，ある程度持続的に存続しうる状態において，人の意思または観念を表示したものであるとされています〈各 512 頁〉。しかし，そのような法的概念まで認識している行為者は，法律家でない限りほとんどいないでしょう。刑法がまずは法律に関して素人である国民に向けられていることを踏まえると，故意が認められるためには，専門家レベルの知識まで認識する必要はなく，日常生活において素人の間で理解されている意味を認識すれば足りると考えられています。問題 3-2 では，X に「ニセの証明書を作る」という認識があれば，有印私文書偽造罪の故意が認められます。

　問題 3-2 において，有印私文書偽造罪の構成要件が揃っていることを確認しましょう。

実行行為：A 名義の借用証書を作る
故意：ニセの借用証書を作っている

4　故意の種類

　故意は，大きく分けると**確定的故意**と**不確定的故意**の 2 種類に区別されます。このうち確定的故意は，さらに 2 つの類型に分けられます。1 つは「**意図**」と呼ばれる心理状態で，行為者が狙った目標に意思が直接向けられている場合です。先に挙げた問題 3-1 の X は，A を殺害

するしかないと考えて果物ナイフをAの心臓に突き刺していますので，意図としての確定的故意が認められます。もう1つは，「確知」とも呼ぶことができる心理状態で，自らの行動によって構成要件が確実に実現されると思っている点で意図と共通するものの，意図と異なり，結果が付随して発生すると思っている場合です。問題3-3は確知の例です。

> 問題3-3：Xは，ゼミ内の人間関係に疲れ果て，大学の建物を放火して学生生活を終わらせようと考え，授業中キャンパス内の建物に放火し，建物を全焼させた。その際，建物の中にいた学生Aが死亡した。

　問題3-3のXは，大学の建物に放火することを目指していますが，その際，建物の中で授業が行われていることを踏まえれば，建物の中に人がいて，その人の死が放火に付随して確実に発生するだろうと認識しているはずです。したがって，殺人罪との関係では，Xに確知としての確定的故意が認められます。

　ここで問題3-3において，殺人罪の構成要件が揃っていることを確認しましょう。

実行行為：建物に放火する
結果：Aの死亡
因果関係：Xの放火行為がなかったならばAは死亡しなかったはずであり，Xの行為がAの死亡の直接の原因を作り出している
故意：建物の中にいる人が確実に死ぬと思いながら，建物に放火している

　一方，不確定的故意とは，こうした意図や確知が認められない場合であり，**未必の故意**と呼ばれています。未必の故意も認められない場合は過失（うっかり）となるため，未必の故意と過失をどのような基準で区別するのか議論されていますが，判例・通説によれば，未必の故意とは，構成要件にあてはまる事実が実現する可能性を認識し，かつその実現を認容する心理状態であるとされています〈総178頁〉。

大まかにいえば，行為者が結果の発生を「構わない」，「やむを得ない」，「仕方ない」と思っている場合には，未必の故意が認められます。問題 3-4 を見てみましょう。

> 問題 3-4：タワーマンションの 10 階に住む X は，イライラする気分を晴らすため，通行人 A に当たるかもしれないと思いながら，自宅のベランダから外に向かって陶器製の植木鉢を投げたところ，A の頭に植木鉢が当たり，A は即死した。

　もちろん，10 階から植木鉢を投げた場合，通行人に当たらない可能性もあるでしょう。しかし，当然ながら通行人に当たる可能性もあります。問題 3-4 の X は，A に当たるかもしれないと思いながら植木鉢を投げていますので，「植木鉢が A に当たっても構わない」という心理状態であるといえます。そのため，X には，殺人罪の未必の故意が認められます。

　問題 3-4 も，殺人罪の構成要件が揃っていることを確認しましょう。

実行行為：10 階のベランダから陶器製の植木鉢を投げる
結果：A の死亡
因果関係：X が植木鉢を投げなかったならば A は死亡しなかったはずであり，X の行為が A の死亡の直接の原因を作り出している
故意：A に当たるかもしれないと思いながら陶器製の植木鉢を投げている

　ところで，これまで説明してきた区別とは異なり，択一的故意，概括的故意と呼ばれる故意の種類も存在します。問題 3-5 を見てみましょう。

> 問題 3-5：X は，政治家 A を射殺するため，ボディーガード B と並んで歩いていた A に遭遇した際，A か B のどちらか一方にのみ弾丸が当たるだろうと思いながら，1 発の銃弾を発射したところ，B が銃弾を受けて死亡した。

総　論

　問題 3-5 では，X が 1 発の銃弾を発射した際，A または B のどちらか一方にのみ当たることを認識しています。このように，「2 つ以上の客体のうちどれか 1 つに及び，かつどれに及んでも構わない」と思っている場合を**択一的故意**といいます。

　問題 3-5 も，殺人罪の構成要件が揃っていることを確認しましょう。

実行行為：拳銃を発砲する
結果：B の死亡
因果関係：X の発砲がなかったならば A は死亡しなかったはずであり，X の行為が B の死亡の直接の原因を作り出している
故意：A と B のどちらか一方にのみ当たるだろうと思いながら 1 発の銃弾を発射している

　最後に，概括的故意も理解しておきましょう。**概括的故意**とは，「複数の客体のうち，どれでも，かつどれだけの客体に及んでも構わない」と思っている場合を指します。問題 3-6 を見て下さい。

> 問題 3-6：X は，一流企業への就職に失敗した腹いせに，新宿駅付近を歩く通行人であれば誰でもよくどれだけ殺してもいいと思って包丁を振り回したところ，偶然その場に居合わせた会社員 A と B が包丁で脇腹を切られ，A・B とも出血多量で死亡した。

　問題 3-6 は，いわゆる通り魔の事例です。X は，通行人であれば誰でもよく，どれだけ殺してもいいと思っていますので，「複数の客体のうち，どれでも，かつどれだけの客体に及んでも構わない」とする概括的故意が認められます。

　問題 3-6 についても，殺人罪の構成要件が揃っていることを確認しましょう。

実行行為：包丁を振り回す
結果：A と B の死亡
因果関係：X が包丁を振り回さなかったならば A と B は死亡しなかった

はずであり，Ｘの行為がＡとＢの死亡の直接の原因を作り出
している

故意：通行人であれば誰でもよく，どれだけ殺してもいいと思いながら，
包丁を振り回している

（小島秀夫）

第4回　錯　誤

1　錯誤とは

今回は，**錯誤**について学びます。錯誤とは，行為者が思い描いていたこと（行為者の主観）と，現実に起きたこと（客観的な事実）との間に，ズレが生じた場合のことをいいます〈総192頁〉。このような場合に，行為者が思い描いてはいなかったけれども，現実に起こってしまったことについて，その故意犯の成立を認めてよいかが問題となります。具体例を使って考えてみましょう。

> 問題4-1：Xは，森でクマを撃ち殺すつもりで，茂みの奥に見えた大きな黒い影をクマだと思い，その影に向けて猟銃を発射した。Xの発射した弾丸は，その影に命中したが，Xがクマだと思っていたその影が，実はXの仲間のAであり，Aはそれによって死亡した。

Xは，クマを撃ち殺すことを思い描いています。しかし，現実に起きたのは，Aに対する殺人罪（199条）にあたる事実です。

この場合，Xに，Aに対する殺人罪は成立するでしょうか。38条1項本文は，「罪を犯す意思がない行為は，罰しない。」としています。そのため，殺人罪が成立するためには，ただ人を殺したという客観的な事実があっただけでは足りず，行為者に「罪を犯す意思」，すなわち，「人を殺す意思」があったことが必要となります。

したがって，この場合には，客観的な事実として，XがAに向かって猟銃を発射するという殺人罪の実行行為，Aの死という殺人罪の結果，その実行行為と結果との間の因果関係は認められるものの，Xの

主観として，殺人罪の故意が欠けていますので，殺人罪は成立しないことになります（もっとも，Xに過失が認められれば，この場合には，業務上過失致死罪（211 条前段）が成立する余地はあります）。

このように，錯誤は，原則として，故意を阻却します。

2　客体の錯誤

問題 4-2：X は，目の前にいる相手が A だと思い，A を殺すつもりで，その相手に向けて拳銃を発射した。その弾丸は目の前にいる相手に命中し，相手は死亡したが，X が A だと思っていたその相手は，A によく似た B であった。

X は，A を撃ち殺すことを思い描いています。しかし，現実に起きたのは，思い描いていた A とは異なる相手である B に対する殺人罪にあたる事実です。本問のように，狙った相手に対して狙ったとおりの結果を発生させてはいるものの，その相手が思い描いていた相手とは異なる場合のことを，「客体の錯誤」といいます〈総 194 頁〉。

先ほど問題 4-1 で確認した考え方に従うならば，X が思い描いていたことと，現実に起きたこととの間にはズレが生じているので，X には B に対する殺人罪は成立しないといえそうです。

でも，ちょっとまってください。X は，目の前にいる「人」を殺そうとして，現に「人」を殺しているのに，これが殺人罪にはあたらないというのは，なんだかモヤッとしますよね。判例・通説も，199 条は「『人』を殺した者」を殺人罪として処罰すると規定しているのだから，A とか B とか被害者の個性を考える必要はなく，およそ「人」を殺す意思さえあれば，殺人罪の故意は認められる，としています(法定的符合説)〈総 196 頁〉。

なお，学説では，目の前の「その人」を殺そうとして，現に「その

人」を殺しているのだから，Xの主観である，目の前の「その人」に対する殺人罪の故意が，客観的にも実現している，とする見解も有力です（**具体的符合説**）〈総195頁〉。

　いずれにしても，本問では，客観的な事実として，Xが「（その）人」に向かって拳銃を発射するという殺人罪の実行行為，「（その）人」の死という殺人罪の結果，実行行為と結果との間の因果関係が認められ，Xの主観として，「（その）人」を殺すという殺人罪の故意が認められますので，XにはBに対する殺人罪が成立します。

3　方法の錯誤（打撃の錯誤）

> 問題4-3：Xは，Aを殺すつもりで，Aに向けて拳銃を発射した。ところが，その弾丸はAには当たらず，予想外にも，その近くにいたBに命中し，Bが死亡した。

　本問でも，Xは，Aを撃ち殺すことを思い描いています。しかし，現実に起きたのは，思い描いていたのとは異なる相手Bに対する殺人罪にあたる事実です。本問のように，狙いが外れて，思い描いていたのとは異なる相手に結果を発生させる場合のことを，「**方法の錯誤**」とか「**打撃の錯誤**」といいます〈総194頁〉。

　この場合にも，問題4-1で確認した考え方に従うならば，Xが思い描いていたことと，現実に起きたこととの間にはズレが生じているので，XにはBに対する殺人罪は成立しないといえそうです。

　しかし，先ほど問題4-2のところでみたとおり，判例・通説の立場からは，「人」を殺す意思さえあれば，殺人罪の故意が認められるのですから（**法定的符合説**），この場合にも，XにはBという「人」に対する殺人罪の故意を認めることができます。よって，この立場からは，客観的な事実として，Xが「人」に向かって拳銃を発射するという殺

人罪の実行行為,「人」の死という殺人罪の結果,実行行為と結果との間の因果関係が認められ,Xの主観として,「人」を殺すという殺人罪の故意が認められますので,XにはBに対する殺人罪が成立します。

さらに,Xは,もともとAを殺そうとしていて,それを果たせなかったわけですから,Aという「人」に対する殺人罪の故意も認められます。そうすると,Xが拳銃を発射する行為は1個でも,複数の故意が認められることになります(**数故意犯説**)〈総199頁〉。よって,Xには,Aに対する殺人未遂罪(199条,203条)も成立します。結局,1個の拳銃を発射する行為で,Bに対する殺人罪と,Aに対する殺人未遂罪という,複数の犯罪を実現したことになりますので,両者は**観念的競合**(54条1項前段)として処理され,「その最も重い刑により処断」されます(この場合であれば,殺人罪の法定刑が適用されます)。

これに対して,目の前の「その人」を殺そうとして,現に「その人」を殺した場合に,目の前の「その人」に対する殺人罪の故意が認められるとする見解からは(**具体的符合説**),本問では,「その人」を殺そうとして,それとは別の「あの人」を殺してしまっていることから,Xには「あの人」であるBに対する殺人罪の故意は認められず,Bに対する殺人罪は成立しません(なお,Xに過失が認められれば,Bに対する過失致死罪(210条)ないしは重過失致死罪(211条後段)が成立する余地はあります)。この立場からは,「その人」であるAに対する殺人の故意のみが問題となり,XにはAに対する殺人未遂罪が成立します(Bに対する(重)過失致死罪が成立すれば,両罪は観念的競合となります)。

4 抽象的事実の錯誤

問題4-4:Xは,Aの飼っている犬を殺すつもりで,その犬に向けて拳

銃を発射した。ところが，その弾丸は犬には当たらず，予想外にも，その近くにいたＡに命中し，Ａが死亡した。

　Ｘは，Ａの飼犬を撃ち殺すこと，すなわち，他人の財物である飼犬を損壊するという器物損壊罪（261条）を行うことを思い描いています。しかし，現実に起きたのは，思い描いていたのとは異なる相手である飼主Ａに対する殺人罪にあたる事実です。これも「方法の錯誤」ですが，先ほどの問題4-3は，Ａに対する殺人罪を実現しようとして，Ｂに対する殺人罪にあたる事実を実現するという，同一構成要件内での錯誤（**具体的事実の錯誤**〈総193頁〉）だったのに対して，本問は，器物損壊罪を実現しようとして，殺人罪にあたる事実を実現するという，異なる構成要件にまたがる錯誤（**抽象的事実の錯誤**〈総193頁〉）である点で，先ほどとは状況が異なります。

　もう一度基本に立ち返ると，38条1項本文は，「罪を犯す意思がない行為は，罰しない。」としているので，殺人罪が成立するためには，人を殺したという客観的な事実があっただけでは足りず，Ｘに，「罪を犯す意思」，すなわち，「人を殺す意思」が必要となります。ここで求められている「罪を犯す意思」とは，判例・通説の立場である**法定的符合説**からは，「『その人』を殺す意思」である必要まではないけれども，「何らかの罪を犯す意思」では足りず，「実現した罪と法の定める範囲内で符合（合致）する罪を犯す意思」である必要があるのです。

　したがって，この場合には，客観的な事実として，ＸがＡに向かって拳銃を発射するという殺人罪の実行行為，Ａの死という殺人罪の結果，その実行行為と結果との間の因果関係は認められるものの，Ｘの主観として，殺人罪の故意が欠けていますので，Ａに対する殺人罪は成立しないことになります（Ｘに過失が認められれば，（重）過失致死罪が成立する余地はあります）。

　なお，Ｘは，もともとＡの飼犬を殺そうとしていて，それを果たせなかったわけですから，器物損壊罪の故意が認められ，理論上は，その未遂が成立することになります。しかし，刑法に器物損壊罪の未遂を処罰する規定はありませんので，罪刑法定主義の原則から，このことについて，Ｘを処罰することはできません（44 条参照）。

5　構成要件の実質的な重なり合いが認められる場合

> 問題 4-5：Ｘは，公園のベンチに置いてあったカバンを，誰かが置き忘れていった物だと思って持ち去った。ところが，そのカバンは，そこから少し離れたところにいたＡが，一時的に置いていた物であった。

　Ｘは，誰かの忘れ物を持ち去ること，すなわち，占有離脱物横領罪（254 条）を行うことを思い描いています。しかし，現実には，Ａに対する窃盗罪（235 条）にあたる事実を実現しています。38 条 2 項は，「重い罪に当たるべき行為をしたのに，行為の時にその重い罪に当たることとなる事実を知らなかった者は，その重い罪によって処断することはできない。」としていますので，Ｘには占有離脱物横領罪（その法定刑は 1 年以下の懲役または 10 万円以下の罰金もしくは科料）を犯す意思しかなく，自分のしたことが窃盗罪（その法定刑は 10 年以下の懲役または 50 万円以下の罰金）にあたることとなる事実を知らなかった以上，Ｘを占有離脱物横領罪よりも重い罪である窃盗罪によって処断することはできません。

　そうすると，Ｘの行為は，理論上は，占有離脱物横領罪の未遂（規定がないため不可罰（44 条参照））と，過失による窃盗罪（規定がないため不可罰（38 条 1 項参照））となり，現行法では処罰できないことになります。

　しかし，占有離脱物横領罪と窃盗罪は，その客体が「占有を離れた

他人の物」か,「占有下にある他人の物」かという点では違いがあっても,いずれも他人の財物を領得する罪であることから,その侵害する法益の共通性の点で「重なり合い」を認めることができます。判例・通説は,このように「**構成要件の実質的な重なり合い**」が存する場合であれば,例外的に故意を認めることができるとしています〈総205頁〉。

　したがって,本問では,客観的な事実として,Xが他人であるAの財物を領得するという実行行為,Aの財産に対する侵害という結果,その実行行為と結果との間の因果関係が認められ,Xの主観として,占有離脱物横領罪の故意が認められることから,Xには占有離脱物横領罪が成立します。

(岡部雅人)

第5回 過失犯

1 過失犯とは何か

　刑法各則に規定された各犯罪の構成要件は，故意犯が原則であり，過失犯は例外です。過失犯が処罰されるためには，例えば，「過失により」などの明文がなければなりません（38条1項ただし書）。過失犯は，過失によって実現される犯罪ですが，それでは「過失」とは一体何でしょうか。平たくいえば，故意は「わざと」ということであり，過失は「うっかり」ということです。

　過失とは，不注意を意味し，不注意とは**注意義務違反**，すなわち，犯罪事実の実現を回避するよう配慮すべき義務に違反することをいいます。不注意という要素によって，過失は無過失から区別されます。無過失は不注意の存しない場合であり，したがって，法益の侵害があっても，それは不可抗力による事故ないし偶然の事故であり，処罰されません。

2 過失犯の成立要件

　注意義務の内容については，一般に，結果の「**予見可能性**」を前提とした「**結果回避義務**」と解されています〈総220頁〉。その判断順序としては，一定の措置をとらなかったことによって結果が発生したという事実を前提として，まずは，どのような措置をとればよかったかという「結果回避措置（基準行為）」を設定し，次に，その結果の「予見可能性」が肯定できるかという問題と，結果回避措置をとることができたかという「履行可能性」が肯定できるかという問題を検討し，

それらが肯定されれば，原則として「結果回避義務」が肯定されるということになるでしょう。そして，この結果回避義務違反の行為が過失犯の実行行為とされ，その危険が結果へと実現されたか否かという因果関係の問題が検討されますが，その際，結果回避措置をとれば，結果が回避できたという「結果回避可能性」がなければならず，結果が回避できなければ，因果関係は存在せず，過失犯は成立しません（過失犯の未遂は不可罰です）。

過失犯の成立要件
①結果の予見可能性
②結果回避義務違反（結果回避措置，履行可能性）
③因果関係（結果回避可能性）
④結果の発生

3　不可抗力の場合

> 問題 5-1：Ｘは，新宿に行くために，前方を十分に注視し，制限速度を守って自動車を走行させていたところ，突然，大学生Ａがガードレールを飛び越えて横断歩道でないところを横切ってきたので，これを避けきれずに自車をＡに衝突させ，Ａは死亡した。

この問題で，Ｘに過失があれば，自動車運転死傷行為等処罰法における過失運転致死罪（5条）が成立することになりますが，Ｘに過失はあるでしょうか。Ｘは，前方を十分に注視して制限速度を守って走行していたのであり，そのほかに結果回避措置を設定する必要はありません。例えば，そもそも車に乗るなというところまで遡ってはならないわけです。というのは，交通規則を守っていれば，自動車運転は許容されるというのが「行動の自由と制限の調和点」だからです。したがって，結果回避義務を課すことはできませんし，結果発生の予見可能性も結果回避可能性も存在しません。結局，本問は不可抗力であ

り，Xには，過失運転致死罪は成立しないことになります。

4　結果の予見可能性

　過失犯の成立要件である「予見可能性」（①）の対象については，「具体的な」結果発生の予見可能性と考えるか（**具体的予見可能性説**），結果発生の「危惧感」で足りるか（**抽象的予見可能性説**）という争いがあります。判例・通説は，基本的に前者の立場ですが，「因果関係の基本的部分」が予見可能であれば，予見可能性を肯定しており，それをどのような内容として理解するかによって，後者の「危惧感説」との違いはなくなってくるでしょう。

> 問題5-2：大型バスの運転手であるXは，東名高速道路を雨の中，高速でバスを走行させていたところ，急に車体が横滑りし，進路を立て直すことができないままバスを横転させ，その結果，乗客が死傷した。なお，事故の原因は，ハイドロプレーニング現象であった。

　本問における事故では，ハイドロプレーニング現象が原因ですが，この現象自体の予見可能性は必要ではないでしょう。なぜなら，予見可能性の対象は，結果発生の回避手段をとり得る程度の内容を有すれば足りるからです。とすれば，通常のスリップを超えた極度に滑りやすい状態があり得ることの予見可能性があったか否かが問われることになります。前述の具体的予見可能性説によれば，予見可能性はなかったという結論に至り，これに対して，抽象的予見可能性説によれば，予見可能性を肯定し得るでしょう。

> 問題5-3：Xは，助手席にAを乗せて普通貨物自動車を運転中，制限速度の2倍以上の高速度で走行したため，ハンドル操作を誤って信号柱に自車の荷台を激突させた。その結果，Aが負傷したのみならず，

後部荷台に無断で同乗していたＢとＣ（Ｘはこの２人の存在を認識していなかった）が死亡した。

　本問の場合，抽象的予見可能性説によれば，高速度で運転していれば，交通に関わる人々に死傷結果が発生することの危惧感，不安感は存することから，ＢとＣの死亡結果についても予見可能性は肯定されることになるでしょう。したがって，Ａに対して過失運転致傷罪，ＢとＣに対して過失運転致死罪が成立します。これに対して，具体的予見可能性説によれば，ＸはＢとＣの存在を知らないことから，それらに対する予見可能性は否定されるという帰結もあり得ますが，本問のように無謀な運転をしていれば，「人の死傷」は予見できるとして結果発生の予見可能性を肯定することもできるでしょう。

5　結果回避可能性

問題5-4：タクシー運転手のＸは，交差点の対面信号が黄色点滅であるにもかかわらず徐行しないで進入したところ，交差道路を暴走してきたＹ車と衝突した結果，タクシーの乗客Ａが死亡したが，かりにＸが徐行していたとしても，衝突は避けられなかった。

　本問は，過失犯の成立要件である「結果回避可能性」（③）が肯定できるかどうかという問題です。まず，Ｘには結果発生の予見可能性があり，徐行措置をとることも可能ですから徐行義務が肯定されます。しかし，問題は，かりにＸが徐行措置をとっていたとしても衝突は避けられず，結果が発生したという事情があることです。すなわち，結果回避可能性が存在しないわけです。この場合，結果回避措置である徐行措置をとっていたとしても，言い換えれば，徐行義務を履行していたとしても結果が発生してしまうのですから，義務違反と結果発

生との間に因果関係が存在しません。したがって，過失の実行行為は存在しますが，因果関係が存在せず，過失未遂となります。過失犯は既遂犯しか処罰しませんから，結局，本問のXの行為は不可罰となります。

6　監督過失

　監督過失とは，直接行為者に対する指揮監督などの不適切さが過失を構成するもの（（狭義の）**監督過失**）や，管理者による物的設備・人的体制の不備それ自体が過失を構成するもの（**管理過失**）です〈総240頁以下〉。

> **問題 5-5**：Yホテルにおいて宿泊客のタバコの不始末から火災が発生したが，Yホテルを経営する会社の代表取締役Xは，ホテルの防火管理体制を適切に整備していなかったことから，発生した火災が燃え広がり，その結果，Aら多数の宿泊客が死傷した。

　Xは防火管理業務者であり，ホテルの火災を防止すべき注意義務があるにもかかわらず，防火管理体制を整備していなかったことから結果回避義務違反が肯定できます。問題は，宿泊客らが死傷することの予見可能性が肯定できるかという点です。具体的な火災発生や宿泊客の死傷結果の予見可能性を必要とすれば，これを肯定することは難しいかもしれません。しかし，Xには防火管理体制の不備について認識があり，そうであれば，ホテルにおいて火災発生の危険が存することはあり得ることであり，もし火災が発生すれば，宿泊客の死傷が発生することは予見できたといえるでしょう。したがって，Xには，業務上過失致死傷罪が成立します。

総　　論

7　信頼の原則

> 問題 5-6：医師 X は，患者 A に対する電気メスを用いた手術の際に，看護師 Y が電気メスのケーブルを誤接続したのにそのまま使用したため，A の身体に重度の熱傷が生じた。

　本問において，まず，Y に業務上過失致傷罪が成立するかが問題となります。Y は，誤接続したまま電気メスを使用すれば，患者の身体に流入する電流状態に異常が発生し傷害を発生させることは予見できたといえるでしょう。予見可能性について，前述した抽象的予見可能性説によれば容易に肯定され，具体的結果の予見可能性を必要とする説からも，その内容として「因果関係の基本的部分」の予見可能性で十分とすれば，同じく予見可能性は肯定できるでしょう。したがって，Y には業務上過失致傷罪が成立します。次に，X については，誤接続の可能性を認識していないことから，結果発生の予見可能性を肯定できないともいえますが，かりに予見可能性と結果回避義務が肯定されたとしても，このような分業においては，他者の適切な行動を信頼して行為し，その信頼の相当性が認められる場合には，注意義務違反が否定されるという「信頼の原則」の適用が問題となります〈総 232 頁〉。本問においては，医師 X が看護師 Y の適切な行動を信頼することに相当性を認めることができるので，X には業務上過失致傷罪は成立しないでしょう。

8　過失の競合

> 問題 5-7：夏祭りの花火大会の際に，会場近くの歩道橋に多数の観客が押し寄せ，それによって群衆なだれが生じて多数の死傷者が出た事故につき，主催した市の担当職員 X，現場指揮・統括に当たった警察署地域

官Y，警備会社支社長Zが，業務上過失致死傷罪で起訴された。

　本問は，結果発生に対して複数の行為者の過失が存在する場合であり，「**過失の競合**」という問題です〈総245頁以下〉。過失の共同正犯が肯定されれば，刑法60条の適用があり，その場合には全員に過失犯の成立が認められます。しかし，職務が異なるような場合には，共同の義務が認められず，過失の共同正犯は成立しません。本問の場合，一つのイベントに関与はしていますが，各自の職務は異なっており，それぞれの行為者の過失の成否を問題とせざるを得ません。したがって，X，Y，Zの各自につき，予見可能性と結果回避義務違反が問われることになります。本件雑踏事故の発生が予見でき，機動隊による流入規制などにより事故を回避することができたとすれば，全員に業務上過失致死傷罪が成立するでしょう。

（高橋則夫）

第6回　正当防衛

1　正当防衛とは

さて，ここから違法性という段階に入ります。違法性の段階では，違法性があるかどうかを検討するのではなく，違法性をなくす特別の理由があるかどうかだけを検討します。というのは，これまで学んできた因果関係や故意といった要素を充たし，いずれかの罪の構成要件該当性が認められた行為だけが違法性の段階に進むところ，窃盗罪などの構成要件に該当する行為は，特段の理由がない限り違法だからです。違法性段階における特段の理由のことを，刑法では違法阻却事由（または違法性阻却事由）と呼びます（阻却とは，なくすという意味です）。明文で定められている違法阻却事由は35条から37条までです。そのほか，第8回で学ぶ被害者の同意も条文には定められていませんが，違法阻却事由とされています。今回学ぶ正当防衛は，36条1項に定められており，最も代表的な違法阻却事由です。

36条1項は，①急迫②不正の③侵害に対し，④自己又は他人の権利を⑤防衛するため，⑥やむを得ずにした行為であることを要件とし，それがすべて満たされた場合に「罰しない」（違法性が阻却されて不可罰となる）という効果が発生します。

それぞれの要件を詳細に見ると，以下のとおりです。①急迫とは，法益が侵害される危険が間近に迫っていることを意味します。②不正とは，一般的な意味で違法という意味です。③侵害とは，法益に対する実害・危険のことです。④自己又は他人の権利とは，広く法によって保護されている利益のことです。⑤防衛するためとは，防衛の意思

のことを指し，より具体的には，侵害の事実を認識してそれに対応する意思のことを意味すると解されています。⑥やむを得ずにした行為とは，防衛行為の必要性と相当性を意味します。相当性とは，防衛しようとした法益と侵害した法益とが著しく均衡を失していないことと解されています。これを踏まえて，正当防衛の典型例を見てみましょう。

> 問題6-1：Xは，夜道で金属バットを持ったAが突然殴りかかってきたので身を守るために仕方なくAの足を引っかけて転倒させ，その隙に逃走した。Aは転倒した際に全治2週間の傷害を負った。

　本問では，金属バットを持ったAが突然殴りかかってきていますので，①急迫，②不正，③侵害の要件が充たされています。また，身を守るために仕方なく行った行為ですので，④身体という自己の権利を⑤防衛するため（侵害を認識して対応する意思）も認められます。また，金属バットを持ったAに対して，武器も持たずに足を引っかけるだけで対応していますので，⑥やむを得ずにした（防衛しようとした自己の身体と侵害したAの法益の間に著しい不均衡がない）という点も充たしているので，問題6-1は正当防衛が成立します。たしかにXの行為はAに対する傷害罪の構成要件には該当しますが，違法性が阻却されて不可罰となります。それぞれの要件と事案の事実の対応関係を整理しておきましょう。

①急迫：現にAが殴りかかってきた
②不正：Aによる攻撃には特段の正当な理由はない
③侵害：Aが殴りかかってきたことによってXの身体という法益に危険が及んでいる
④自己又は他人の権利：Xの身体
⑤防衛するため：身を守るために仕方なく
⑥やむを得ずにした：金属バットを持ったAの侵害に対して，足を引っかけるという程度の反撃にとどめている

　このように，問題6-1は正当防衛のすべての要件を充たしているため，正当防衛が成立します。すべての要件を充たさなければ違法阻却という効果は発生しません。

　以下，それぞれの要件をもう少し詳しく見ていきましょう。

2　急　迫

　①急迫とは，法益が侵害される危険が間近に迫っているという意味でした。それを踏まえて，以下の問題を考えてみましょう。

> 問題6-2：Xは，学校の廊下でAが「明日，痛い目に遭わせてやる」と凄んで立ち去ろうとしたところで，明日の自分の身を守るためだと思い，Aの足を引っかけて転倒させた。Aは転倒した際に全治2週間の傷害を負った。

　この場合，Xの行為が傷害罪の構成要件に該当することは間違いありません。その上で，正当防衛によって違法性が阻却されるかどうかが問題となりますが，結論としては，急迫という要件が充たされないため，正当防衛は成立しません。侵害は明日になってはじめて生じるため，間近に迫っているとはいえないためです。また，脅迫行為もすでに終了していますから，やはり急迫の侵害とはいえません。そのため，Xは傷害罪の罪責を負うことになります。

3　不　正

　②不正とは，一般的な意味で違法という意味です。刑法上違法である必要まではありません。では，以下の場合はどうでしょうか。

> 問題6-3：Xは，人里離れた湿原で天然記念物のタンチョウが襲いか
> かってきたので，仕方なく猟銃を発砲してこれを死亡させた。

　タンチョウ（タンチョウヅル）とは，ツルの一種です。カメラを向
けた人に対して襲いかかってきたという報道がなされたことがありま
す。皆さんも気をつけてください。
　さて，Xの行為は，文化財保護法196条1項に該当します。そして，
Xの身体に危険が迫っていますので，正当防衛が成立するようにも見
えます。しかし，法規範は人の行為のみに向けられるのだとすれば，
問題6-3ではタンチョウという動物による危険があるにすぎませんか
ら，「違法」とはいえません。そのため，「不正」の要件を充たさない
ため，正当防衛とはならず，次の回で検討する緊急避難の正否が問題
になります。正当防衛は**正対不正**の関係である一方，緊急避難は**正対
正**の関係という違いがあるからです。

4　侵　害

　③**侵害**とは，法益に対する実害・危険のことです。これは特に説明
は不要でしょう。

5　自己又は他人の権利

　④**自己又は他人の権利**とは，広く法によって保護されている利益を
意味します。他人の権利でも構いませんし，刑法上保護されていない
利益でも構いません。例えば，以下の場合を考えてみましょう。

> 問題6-4：Xは，労働交渉の一環として勤務する会社の入り口において
> 拡声器を使って抗議文を読み上げていたところ，新聞記者AがXに無
> 断でその様子を撮影していたので，Xは「写真は撮らないでください」

> と何度も呼びかけたが，Aはやめる様子がなかったのでカメラを取り
> 上げようとしてもみ合いになり，Aは指に軽微な傷害を負った。

　この事例では，Xの肖像権が侵害されています。肖像権は刑法で保
護される利益ではありませんが，法的に保護される利益の一つですの
で，これを守るための行為も正当防衛にはなりえます。このように見
てくると，問題6-4のXの行為は傷害罪の構成要件に該当しますが，
正当防衛にあたるので違法性が阻却されます。

6　防衛するため

　⑤防衛するためとは，防衛の意思のことを指し，より具体的には，
侵害の事実を認識してそれに対応する意思（防衛の意思）のことを意
味すると解されています。これを踏まえて，以下の場合を考えてみま
しょう。

> 問題6-5：Xは，夜道で金属バットを持って騒いでいるAを見て無性
> に腹が立ったので，すれ違いざまにAの足を引っかけて転倒させて全
> 治2週間の傷害を負わせた。しかしその後，Aも冴えないXの頭部を，
> すれ違いざまに金属バットで殴り付けるつもりであったことが判明した。

　この場合，Xには，Aによる急迫不正の侵害が存在しています。し
かしXはそれを認識していないので，防衛の意思は認められません。
そのため，正当防衛は成立せずXは傷害罪の罪責を負います。

　このように，正当防衛の要件のうち，防衛の意思だけが充たされて
いない場合のことを偶然防衛と呼びます。実はこの場合にも「防衛す
るため」の要件を充たすとする見解（防衛の意思不要説）も存在し，
大きな論点なのですが，これはより本格的な体系書で学んでください
〈総288頁以下〉。

7　やむを得ずにした

　⑥やむを得ずにした行為とは，防衛行為の必要性と相当性を意味します。相当性とは，防衛しようとした法益と侵害した法益とが著しく均衡を失していないことと解されています。では，以下のような場合はどうなるでしょうか。

> 問題6-6：Xは，夜道でAが殴りかかってきたので，持っていた金属バットでAの頭部を殴打して全治2か月の重傷を負わせた。

　この場合，たしかに急迫不正の侵害は存在します。また，侵害を認識してこれに対応しようとしていますから，防衛の意思も存在します。しかし，素手のAに対し，金属バットで，しかも頭部をいきなり殴打するのは，やりすぎです。防衛しようとした法益は素手による侵害である一方，侵害した法益は金属バットでの頭部への攻撃による全治2か月の傷害ですので，著しく均衡を失しているといわなければなりません。こうした場合は，Xは，事前に警告をするとか，頭部ではなく手足を狙うなどにすべきでしょう。したがって，やむを得ずにしたという要件を充たさないため正当防衛は成立せず，Xは傷害罪の罪責を負います。ただしこの場合は，正当防衛は成立しないものの，36条2項の**過剰防衛**として扱われ，刑が減軽または免除されることがあります。問題6-6の場合は，素手による侵害に対して金属バットで反撃するというように反撃手段が過剰な場合ですので，**質的過剰**と呼びます。過剰防衛にはもう一つ，**量的過剰**と呼ばれる類型が存在します。以下のような場合です。

> 問題6-7：Xは，Aがいきなり殴りかかってきたのでやむを得ずAの顔面を殴打し，Aが後ろ向きに倒れそうになったところを，Xは念のため腹部をさらに蹴りつけた。

　この場合，Ｘは顔面の殴打と腹部への蹴りつけという２回の反撃を加えています。冷静に考えれば，顔面を殴打しただけでＡは転倒していたわけですから，その隙にＸはその場を離脱すればよいのであって，腹部への蹴りつけは「やむを得ずにした」とはいえません。しかし，突然正当防衛状況に陥ったＸに対してそこまで冷静な判断を求めるのは酷ですから，こういった量的過剰の場合も，過剰防衛として刑の減免の可能性が認められています。もっとも，量的過剰の場合はやや注意が必要です。以下の場合も考えてみましょう。

問題 6-8：Ｘは，Ａが灰皿を投げつけてきたので，Ａの顔面を殴打してこれを転倒させた。Ａは倒れて動かなくなり，Ｘもそれを認識しつつも「おれに勝てるつもりでいるのか」といいながらＡの腹部を蹴りつけるなどの暴行をさらに加えたところ，Ｘは腹部に全治２週間の傷害を負った。

　これは，灰皿投げつけ事件〈総 304 頁〉をベースにしたものです。最高裁は，第一暴行（顔面の殴打）は正当防衛として違法性が阻却されるが，第二暴行（腹部への蹴りつけ）は過剰防衛にもならないとしました。その理由は，第二暴行の時点においては侵害がもはや終了しており，かつ行為者に防衛の意思ももはや存在していないという点にあるとされています。こうした考え方に照らして問題 6-8 を検討すると，Ａは倒れて動かなくなっていますので侵害はすでに終了しており，またＸはそれを認識しているので，防衛の意思（急迫不正の侵害を認識してそれに対応する認識）もないため，過剰防衛にもなりません。結論としてＸは傷害罪の罪責を負い，過剰防衛による刑の減免の可能性もありません。

8　誤想防衛，誤想過剰防衛

　過剰防衛と関連する問題として，誤想過剰防衛という類型がありま
す。これを検討するために，まず誤想防衛について考えてみましょう。

> 問題 6-9：Xは，サッカー日本代表の試合をスポーツバーで観戦した後，
> 路上でAが突然殴りかかってきたので，やむを得ずAを突き飛ばして
> Aを負傷させた。しかしAは，日本代表の勝利の喜びをXと分かち合
> うためにXとハイタッチをしようとしただけであった。

　これは，実際にある繁華街で起きたできごとです。XはAを突き飛
ばして負傷させていますから傷害罪の構成要件に該当しますし，Aは
Xとハイタッチをしようとしただけなので急迫不正の侵害は存在せず，
正当防衛も成立しません。しかし，Xは正当防衛状況を誤認していま
す。このような場合を誤想防衛と呼びます。

　誤想防衛の場合は，一般的な見解によれば故意は阻却され（第3回），
Xはせいぜい過失傷害罪（209条）または重過失傷害罪（211条後段）
にしか問われません。誤想防衛の場合に「罪を犯す意思」（38条1項）
があったと見るのは不自然であり，事実の錯誤と解されているためで
す〈総307頁〉。

　では，これを踏まえて，次のような誤想過剰防衛の場合を考えてみ
ましょう。

> 問題 6-10：在日英国人で空手三段の腕前を持つXは，深夜，A女から
> 「ヘルプミー」と呼びかけられたので，A女がBに襲われているものと
> 勘違いし，自分に歩み寄ってきたBの頭部に回し蹴りを見舞ったとこ
> ろ，Bは転倒して後頭部を強く打ちつけたため死亡してしまった。後に，
> A女は泥酔していて，Bに介抱されていただけであり，BはXに事情
> を説明しようとしただけだったことが判明した。

　これは，勘違い騎士道事件〈総309頁〉をベースにしたものです。

空手三段のＸが，警告もせずに頭部に回し蹴りを見舞うことは質的に過剰な反撃であることは（誤解しがちですが）議論の前提です。問題 6-10 のような誤想過剰防衛は，そのような「過剰な反撃」が，正当防衛状況の誤想に基づいている点に問題があります。

　結論としてこのような場合には，故意が認められます。なぜなら，問題 6-9 のような誤想防衛と異なり，誤想過剰防衛の場合には過剰な反撃という構成要件に該当し，違法な（違法性が減少しても阻却はされない）事実の認識はある以上，「罪を犯す意思」は否定しがたいからです。ただし，36 条 2 項（過剰防衛）による刑の減免の可能性は認める見解が多数です。このように考えると，問題 6-10 においては，Ｘには，空手三段の自分が警告もせずに頭部に回し蹴りを見舞うという過剰防衛であって違法な事実の認識が認められますので，故意が認められます。そのためＸは傷害致死罪の罪責を負いますが，36 条 2 項による刑の減免の可能性は認められます。

9　正当防衛権の濫用（自招侵害）

　正当防衛は，えてして言い逃れとして用いられることがあります。そのような場合に備えて，正当防衛権の濫用という視点が持ち出されます。特に問題になるのは，以下のように自ら侵害を招いた場合（自招侵害）です。

問題 6-11：Ｘは，深夜にごみ置き場でごみを捨てていたところをＡから注意されたことに腹を立ててＡの頬を平手打ちにして立ち去ろうとした。そこへＡが追いかけてきてラリアットをＸに見舞わせたのでＸは転倒したが，Ｘは所持していた特殊警棒でＡを殴り返してＡに全治 3 週間の傷害を負わせた。

　これは，ラリアット事件〈総 298 頁〉をベースにしたものです。こ

の事件において最高裁は,「反撃行為に出ることが正当とされる状況における行為とはいえない」として正当防衛を否定しました。その理論的根拠はさまざまですが,正当防衛の本質的根拠は正の確証(法秩序の保護)であって,自招侵害の場合は正当防衛権の濫用であるとされています。

　もちろん,「濫用」にあたるかどうかは,自招行為がどれほど不正であるかなど諸般の事情に照らして検討することになりますが,問題6-11は,Xが平手打ちという暴行を行っていること(不正性),それが直接にAによる侵害につながっていること(直接性),Aからの侵害はXによる暴行の程度を大きく越えていないこと(均衡性)からすると,それに対する反撃は権利の濫用であって正当防衛とはならないと考えるべきでしょう。

(山本紘之)

第7回　緊急避難

1　緊急避難とは何か

　緊急避難とは，自己または他人の生命・身体・自由・財産等に対する現在の危難を避けるため，やむを得ないでした行為であって，他にその危難を避ける方法がなく，またその行為によって生じた害が行為によって避けようとした害を超えないものをいいます（37条1項本文）。緊急避難は，緊急行為の一種である点で正当防衛と共通しますが，「正対正」の関係にある点で，「不正対正」の関係にある正当防衛とは異なります〈総312頁以下〉。

　緊急避難が成立した場合，一定の行為が構成要件に該当したとしても，犯罪は不成立となります。しかし，緊急避難は，「正対正」の関係ですから，その場合に，違法性が阻却されるのか，責任が阻却されるのか，あるいは，場合により両者を使い分けるのかについて争いがあります。通説は，一元的に違法性が阻却されると解しています〈総313頁〉。37条は，「他人」の危難を避けるための行為を不処罰にしており，責任阻却であれば，期待可能性の観点から「自己」の危難に限定されることになること，「害の均衡」を要件としていることなどから，違法性レベルで緊急避難が問題とされていることなどがその根拠とされています。

2　緊急避難の成立要件

　緊急避難が成立するための要件は，第1に，「現在の危難」（緊急避難状況）の存在です。「現在」とは，基本的に，正当防衛における「急

迫性」と同じ意味であり，「危難」とは，法益に対する侵害または危険のことをいい，人の行為に由来するか否かは問わず，例えば，自然現象，疫病，動物による災害など，その原因のいかんは問題となりません。第2に，緊急避難は，「自己又は他人の生命，身体，自由又は財産」等（**保全法益**）に対する**避難行為**であることを要します。第3に，緊急避難は，現在の危難を避けるための行為，すなわち，**避難意思**に基づく行為でなければなりません。第4に，「やむを得ずにした行為」とは，正当防衛とは異なり，他にとるべき方法がなかったことを意味します（**補充性**）。第5に，緊急避難が成立するためには，避難行為から生じた害が，避けようとした害の程度を超えないことが必要です（**害の均衡**［**法益均衡**］）。第6に，緊急避難が成立するためには，危難を回避するのに適切な手段でなければならないという**避難行為の相当性**も必要となります。

緊急避難の成立要件
①現在の危難
②保全法益
③避難行為
④補充性
⑤害の均衡（法益均衡）
⑥相当性

3　カルネアデスの板

問題7-1：船が難破して海に投げ出されたXとAは，溺れかかりながらも必死に岸にたどり着こうとしていたが，もはや両者とも力が尽き果てた状態でいたところ，1枚の板が浮かんでおり，2人は同時に泳ぎ着いた。しかし，この板は1人分の重さしか支えられないものだったので，XはAを溺死させて自分だけ助かった。

この問題は，いわゆる「カルネアデスの板」と称される哲学的問題です。まず，Xの行為は，殺人罪（199条）の構成要件に該当することに問題はないでしょう。また，Aの行為は急迫不正の侵害ではないので，Xの行為には正当防衛は成立しないことも明らかです。それでは緊急避難は成立するでしょうか。

Xの行為には，①現在の危難，②保全法益，③避難行為，④補充性，⑥相当性は認められるといえるでしょう。問題は，⑤害の均衡が認められるかです。Xの生命とAの生命を比較するわけですが，これは比較できないとして，違法阻却ではなく，責任阻却とする考え方もあり得ます。しかし，害の程度を超えなければいいのですから，法益が同等の場合にも違法性が阻却されることになるでしょう。また，Xの行為が違法だとすると，Aは正当防衛ができることになってしまいますが，**緊急避難行為に対しては緊急避難でしか対抗できない**と解するのが妥当でしょう。

4　現在の危難

> 問題7-2：Xは，同居しているAとBが2日後にXを殺害するという計画を偶然知ったので，すぐに，無断でCの乗用車を運転して逃走した。

Xの行為は，Cの乗用車に対する窃盗罪の構成要件に該当しますが，緊急避難は成立するでしょうか。2日後の殺害ということで，Xの生命に対する切迫した危険はいまだ存在しないでしょう。したがって，①現在の危難が認められないことから，緊急避難状況は存在せず，緊急避難は成立しないことになります。

5　補充性

> 問題 7-3：免許取消しとなっていた X は，同居していた妻 A が胃けいれんにより苦しみだしたので，自家用車に乗せて約 10 キロメートル離れた病院に搬送しようとして無免許運転をした。

　X の行為は，道交法上の無免許運転罪（64 条 1 項，117 条の 2 の 2 第 1 号）の構成要件に該当しますが，緊急避難は成立するでしょうか。X の行為には，①現在の危難，②保全法益，③避難行為，⑤害の均衡，⑥相当性は認められるでしょう。しかし，④補充性が認められるかが問題となります。すなわち，X にとって「他にとるべき方法がなかったか否か」が問題となるわけです。この問題で，X は，例えば，119 番通報して救急車を要請するとか，タクシーを手配するなどの他の方法をとることができたでしょう。とすれば，④補充性は認められず，緊急避難は成立しないことになります。

6　過剰避難

> 問題 7-4：X は，暴力団組長 A の組事務所に連行され，数日間にわたり，同事務所や付近のマンションに監禁され，断続的に A から暴行を受けた。そこで，X は，同事務所に放火し，その騒ぎの隙をついて逃げようと考え，五戸一棟の木造住宅の一室である同事務所に放火し，同室を焼損した。

　X の行為は，現住建造物放火罪（108 条）の構成要件に該当しますが，緊急避難は成立するでしょうか。X の行為には，①現在の危難，②保全法益，③避難行為は肯定できますが，④補充性と⑤害の均衡が認められません。しかし，この場合に**過剰避難**（37 条 1 項ただし書）が認められるかが問題となります〈総 321 頁〉。過剰避難とは，避難

57

行為がその程度を超えたものをいいます。過剰避難は，過剰防衛と同様に，違法行為ですが，違法・責任が減少することから，刑の減軽または免除の可能性が認められています。この場合に，条文上「その」程度を超えた行為とあることから，過剰避難が認められるのは，害の均衡を逸脱した場合に限定すれば，過剰避難は認められません。これに対して，補充性や相当性を逸脱した場合も含むと解するならば，過剰避難が認められるでしょう。もっとも，害の均衡，補充性，相当性の逸脱が著しい場合には，過剰避難にすら当たらないと解する余地もあるでしょう。

7　相当性

> 問題 7-5：資産家の令嬢 X は，高価なドレスを着て歩いていたところ，突然雨が降り出し，ドレスが駄目になってしまうので，たまたま傘をさして歩いていた安物の服を着た A から傘を奪った。

　X の行為は，A の傘に対する窃盗罪の構成要件に該当しますが，緊急避難は成立するでしょうか。X の行為には，①現在の危難，②保全法益，③避難行為，④補充性，⑤害の均衡は肯定できるでしょう。しかし，X の行為を緊急避難として違法阻却することには何か違和感があります。そこで，避難行為の⑥相当性という要件によって，緊急避難が成立しない場合があることを認めるべきでしょう。とくに，法益侵害が基本的人権にかかわる場合には，避難行為の相当性が否定されるべきであり，本問では，A の「人格の尊厳性」という視点から，緊急避難は成立しないことになります。

8　強要緊急避難

> 問題 7-6：新興宗教の元信者の X が A と共に母親を連れ出そうと教団施設内に入ったところを見つかって取り押えられ，教団施設内の一室に連行され両手錠を掛けられたまま教団幹部らに取り囲まれる中，教団代表者 Y から A を殺さなければ X も殺すと言われ，X は A を殺害した。

　X の行為は，殺人罪の構成要件に該当しますが，緊急避難は成立するでしょうか。X は，Y によって強要されて犯罪行為を行ったわけですが，この場合に，緊急避難の成立を認めることができるか否かが問題となります〈総 322 頁以下〉。この場合に緊急避難の要件がすべて充足され，緊急避難が成立すると解すると，その行為は適法ですから，これに対して正当防衛ができないのは妥当ではないと考えることもできますが，緊急避難の成立要件が肯定されるならば，緊急避難の成立を認めざるを得ないでしょう。もっとも，本問では，X が殺害を拒んでもすぐに殺害される危険性はなかったのであれば，生命に対する現在の危難は否定され，監禁状態にあったことから身体の自由（②保全法益）に対する①現在の危難（③避難行為）が認められ，④補充性，⑥相当性は肯定できますが，⑤害の均衡が存しないことから，過剰避難の成立が認められるでしょう。

9　自招危難

> 問題 7-7：X は，自動車を運転中，前方に何人かの通行人が歩いており，さらにその手前をトラックが自動車と対向して走行してきたので，トラックの横を通過しようとした際，トラックの背後から人などが出てくるかもしれないにもかかわらず，スピードを落とすことなく，漫然と通過しようとしたところ，突然トラックの背後より B が飛び出してきたので，これを避けようとして急ハンドルを切ったため，通行人の A に

自動車を衝突させて死亡させた。

　Xの行為は，Aに対して，自動車運転死傷行為等処罰法における過失運転致死罪（5条）の構成要件に該当しますが，緊急避難は成立するでしょうか。Xの行為は，突然トラックの背後よりBが飛び出してきたので，これを避けようとして急ハンドルを切ったためであり，これだけをみれば，①現在の危難，②保全法益，③避難行為，④補充性，⑤害の均衡，⑥相当性も肯定されるでしょう。しかし，現在の危難は，Xの過失行為によって生じたものであり，その場合にも緊急避難を認めて違法阻却を認める結論は妥当でしょうか。これは，自ら招いた危難に対して緊急避難が成立するか否かという「**自招危難**」の問題です〈総323頁以下〉。一般には，行為者が自己の故意または過失により自ら招いた危難を避けるための行為は，緊急避難にあたらないと解されています。もっとも，その根拠については，争いがありますので，検討する必要があるでしょう。

（高橋則夫）

第 8 回　被害者の同意

1　被害者の同意とは何か

　被害者の同意も, 明文では定められていないものの, 違法阻却事由として考えられています。まずは, 以下のような場合を考えてみましょう。

> 問題8-1：Xは, 授業中に眠くなったAから, 目を覚ますために頬に平手打ちをしてほしいと頼まれたので, その通りにした。

　このXは, Aの頬に平手打ちをしていますので, 暴行罪 (208条) の構成要件に該当することは否定できません。しかし, Xを暴行罪で処罰する必要はないでしょう。まさに, 被害者たるAが同意しているからです。そして, 後で述べるように, この場合は違法性が阻却されると考えられています。したがって, 問題8-1の解決を簡略に示せば以下のようになります。

構成要件該当性：暴行罪 (XがAの頬を平手打ちにした)
違法性：Aがそれを承諾 (依頼) していた－被害者の同意という違法阻却事由に該当するので, 違法性が阻却される

　では, 以下で, 被害者の同意によって違法性が阻却されるための要件を見ていきましょう。

2　同意の有効要件

　同意は, ①行為の時点で, ②同意能力のある者によって, ③任意になされていることが必要です。まずは, ①行為の時点という点を見てみ

ましょう。

　行為の時点に同意がなされている必要があるのは，同意によって「行為」の違法性を阻却できるかどうかが問われているためです。以下の場合を考えてみましょう。

> 問題8-2：Ｘは，退屈しのぎに，講義中隣で寝ていたＡの頬を平手打ちにしたところ，Ａは，「おかげで目が覚めた，ありがとう」と言ってＸに感謝した。

　この場合，行為時には同意はありません。行為後にそれが許容されたにすぎませんから，行為後の同意は有効ではなく，違法性は阻却されません。それゆえ，Ｘには暴行罪が成立します。

　次に，同意は②同意能力のある者によってなされていることが必要です。次の場合を見てみましょう。

> 問題8-3：Ｘは，Ａ（3歳）に対し，「これで叩くけど大丈夫？」とバットを見せながら尋ねたところＡが頷いたので，それでＡを殴打した。

　結論として，この問題を同意があるから不可罰とするわけにはいきません。被害者Ａは，バットで叩かれることの意味（そこから生じる結果など）を明確に理解することができないからです。このように，同意が有効であるためには，合理的な判断能力を有する者によってなされなければならないとして，同意能力を有効要件の一つとするのが一般的です。問題8-3においては，Ａが頷いたとしても②同意能力を欠いていますので，有効な同意とはいえないため違法性は阻却されず，Ｘは暴行罪の罪責を負います。

　次に，③任意性がない場合とはどのような場合でしょうか。以下の場合を見てみましょう。

問題 8-4：Xは，仕事で失敗をしたAに対し，「ビルから飛び降りるか，このバットで殴られるかを選べ」と凄んだところ，Aが仕方なくバットで殴られるほうを選んだので，Aの尻をバットで殴打した。

　この場合，たしかに被害者のAは，「バットで殴られる方を選んだ」のであって，殴打に同意があるといえるのかもしれません。また，それは①行為時になされています。しかし，ビルから飛び降りることとの二択であれば，バットで臀部を殴打される方を選ばざるを得ませんから，「選んだ」からといって不可罰とするわけにもいきません。要は，同意は任意になされていたとはいえないので，同意は無効であり，違法性が阻却されないということになります。そのため，Xには暴行罪が成立します。

　問題 8-4 は脅迫に基づく同意という類型ですが，錯誤に基づく同意が問題になる場合もあります。以下のような場合を考えてみましょう。

問題 8-5：Xは，その気はないのにAに「殴らせてくれたら 1000 円あげる」と申し向けたところAは殴打されることを了承したのでAを殴りつけたが，Xは実際に 1000 円を渡すことはなかった。

　この場合，被害者であるAには 1000 円をもらうことについての錯誤が生じており，それに基づいて殴打（暴行）について同意をしています。このような類型において，判例は重要な錯誤説という立場を採っており，錯誤が重大な場合は同意が無効になると解しています。この立場からすると，問題 8-5 におけるXは，暴行罪の構成要件に該当し，Aの了承は刑法上有効な同意とはいえないので違法性が阻却されず，暴行罪の罪責を負うことになります。もっとも，そのような結論は，本来は身体を保護するはずの暴行罪が，Aの財産や意思決定への侵害を理由に適用されることになって不当であるとして，学説の多くは法

益関係的錯誤説という別の立場を支持しています〈総335頁〉。

さて，そのほかに，同意の有効要件は必要でしょうか。やや騒々しい事例ですが，以下の場合を考えてみましょう。

> 問題8-6：Xは，投稿動画の再生回数を増やしたいA（20歳）から依頼され，Aの頭部をバットで三度殴りつけたところ，Aは全治2か月の傷害を負った。

これは，動画に「危険なので絶対に真似しないでください」という注意書きが必要なだけではなく，そもそも法がこれを認める（違法でない，と評価する）ことの妥当性が問われています。とはいえ，同意が，①行為時に，②同意能力ある者によって，③任意になされているとはいえます。そこで，判例は，④同意を得た動機，目的，傷害の方法などに照らして同意の有効性を判断しています。上記の場合は傷害の方法がきわめて危険であるので，承諾を無効とすることになります。他方，学説の多くは，同意を得た動機，目的は考慮せず，単に④'傷害の方法が生命に危険をもたらすほどに重大かどうかだけに注目して判断しています。というのは，問題8-8で見るように，同意殺人罪（およびその未遂）が処罰されていることとの平仄（ひょうそく）を合わせるとすると，法は生命に危険をもたらす加害行為を禁止していると考えることが自然だからです。この，判例と学説の違いを考えるために，以下の問題も見てみましょう。

> 問題8-7：Xは，Aから，医療保険金を詐取する目的だと伝えられた上で，Aから依頼され，Aの頭部をバットで3度殴りつけたところ，Aは全治2か月の傷害を負った。

結論として，判例〈総328頁〉も学説も，この問題のXに傷害罪の成立を認めます。しかし，理由づけ（あてはめ）が異なることに気を

つけてください。判例は同意を得た目的も考慮しますので（上記④），問題8-7では，傷害の方法と並んで詐欺の目的も重視することになります。したがって，判例の立場から試験答案やレポートを書くときは，いわゆる「あてはめ」の段階で詐欺の目的も取り上げることになります。そうした目的が違法であるという理由で，同意の有効性を否定して傷害罪の成立を認めることになるわけです。

他方，学説は目的ではなく，傷害の重大性だけを基準にしますので，その立場から答案等を書くときは，「頭部をバットで３度殴りつける」という点だけを考慮することになります。Ｘの行為が，生命に危険をもたらす行為であることを理由に同意の有効性を否定して傷害罪の成立を認めることになるわけです。

このように，結論が同じでも，理由づけ（あてはめ）が異なることはままあります。こうした理由づけ（あてはめ）ができるかどうかは試験等で差がつく部分ですので，ぜひ本書を繰り返し読んでそうした思考方法を身につけてください。

これまで，暴行罪や傷害罪といった身体に対する罪における同意を見てきましたが，以下のように生命に関する同意は違法性を阻却しません。

> 問題8-8：Ｘは，自殺を試みようとしているＡから頼まれたので，苦痛なく息を引き取ることのできる薬物をＡに注射したところ，Ａは死亡した。

この場合は，結論として同意殺人罪（202条）が成立し，Ｘはその罪責を負います（違法性も阻却されません）。被害者が同意しているからといって，すべてのものが不可罰となるわけではないのです。生命という利益は，その重大性にかんがみて本人でも自由に処分できないわけです。

　他方，当然ながら，処分できる（同意によって不可罰とできる）のは，自己の利益に限られます。また，財産を処分した場合はそもそも構成要件に該当しません（例えば窃盗罪における「窃取」にあたらない）ので，実際に，違法阻却事由として問題になるのは，身体に関する同意だけであり，それと関連する構成要件は，暴行罪と傷害罪です。

（山本紘之）

第9回　原因において自由な行為

1　責任主義と同時存在原則

　犯罪が成立し，ある行為を処罰するためには，その行為が構成要件に該当し，違法であるだけでなく，責任を問いうる状態でなければなりません。これを**責任主義**といいます。責任とは，違法な行為を思いとどまることができたにもかかわらず，それに反して行為に出た人への非難可能性を意味します。つまり，刑罰を科すことができるのは，行為者を非難することができる場合に限られる，ということです。

> 問題9-1：生まれつき脳に障害を負っていたXは，ある日，脳の障害によって感情のコントロールがうまくいかなくなり，Aに暴行を加え，全治2週間の怪我を負わせた。

　問題9-1を読むと，暴行を加えたXを非難することはできないと思いますよね。39条1項では，心神喪失（責任能力が欠けている）者の行為は罰しないと定められています。責任能力，すなわち自分の行為について是非を弁別できる能力（弁識能力）や自分の行為をコントロールする能力（制御能力）のない人たちは，違法な行為を思いとどまることができません。こうした責任無能力者を非難することはできないため，処罰しないとされているのです。

　また，39条2項では，心神耗弱（責任能力が著しく低下している）者の行為は刑を減軽すると定められています。このような限定責任能力者は，健常者が犯罪行為に出たときと比べると，非難される程度が減少するため，刑も減軽されることになります。

こうしてみると，責任能力は責任要素の１つですから，責任が行為の時点で認められなければ，およそ犯罪は成立せず，刑罰は科せられないことがわかるでしょう。これを行為と責任の同時存在の原則（同時存在原則）といいます。

2　「原因において自由な行為」の法理とは

> 問題9-2：Ｘは，かねてから仲が悪かったＡを殺害したいと思っていたが，しらふで実行する勇気がなかった。そこで，Ａと一緒に酒を酌み交わしていた際，Ｘは景気づけに瓶ビールを５本飲み，完全な酩酊状態となった後，普段から持ち歩いていた包丁を振り回し，Ａを死亡させた。

酒を飲んで酔っ払うのは，酒に含まれるアルコールに脳を麻痺させる作用があるからです。そうだとすると，完全な酩酊状態に陥った人は，問題9-1のＸと同様に責任能力が欠けているため，常に処罰されないことになるのではないかと思われるかもしれません。しかし，問題9-2のＸは，思いとどまることができたにもかかわらず，あえて飲酒して責任無能力状態に陥り，Ａを殺害しています。さらに，殺害行為への景気づけに飲酒していたことから，Ａの殺害（最終結果）に対する故意も認められ，Ｘを非難することができるでしょう。そこで，最終結果を直接発生させる行為（結果行為）の時点では責任能力が欠けていたり著しく低下していたりする場合でも，そのような状態になった原因とされる行為（原因行為）の時点では自由な意思決定が可能であったとして，行為者への責任非難を認める理論があります。この理論を原因において自由な行為の法理といいます。

この理論を導き出す方法については，主に２つのモデルが主張されています。第１は，原因行為が構成要件に該当する実行行為であると

して，責任非難の対象もその部分に求められるとするモデルです。このようなモデルは**構成要件モデル**と呼ばれ，実行行為に着目して**原因行為説**ともいわれています。実行行為である原因行為の時点では責任能力がありますから，このモデルによれば，同時存在原則は維持されます。どうして原因行為を実行行為として評価することができるのかというと，犯罪行為の構造が間接正犯に似ているからです。間接正犯とは，他人の行為をあたかも道具のように利用して，間接的に結果を発生させる場合を指します。詳しくは第14回で勉強しますが，例えば，患者を殺害しようとする医師がこっそり点滴の中に毒薬を入れ，そのことを知らない看護師に毒薬入りの点滴を渡し，看護師が患者に点滴を投与したところ，患者が死亡したという場合，医師に殺人罪が成立するとされています。この事例をよく見ると，点滴の中に毒薬を入れる行為が原因行為，看護師が患者に点滴を投与する行為が結果行為として捉えられませんか。この医師を間接正犯として処罰することができるならば，自ら責任無能力の状態に陥り（原因行為），そのような状態をあたかも道具のように利用して構成要件を実現した（結果行為）場合も，同様に犯罪を成立させることができると主張されているのです。このように考えることから，構成要件モデルは，**間接正犯類似説**とも呼ばれています。

　構成要件モデルによれば，原因行為の時点で，構成要件に該当する事実の認識に加えて，自らが心神喪失または心神耗弱に陥ることについての認識も必要となります。この要件を**二重の故意**といいます。構成要件モデルによれば，主な構成要件要素は，次のような内容となります。

実行行為：原因行為
結果：最終結果
因果関係：原因行為と最終結果との間の事実的因果関係と法的因果関係

┃ 故意：構成要件の客観的内容かつ自らが心神喪失または心神耗弱に陥る
　　　との認識

　問題9-2の事実を構成要件モデルにあてはめてみましょう。実行行為は原因行為ですから，飲酒行為となりますね。Xは，Aを殺害すべく，景気づけに瓶ビールを5本飲んでいることから，原因行為の時点で「人を殺す」という殺人罪の構成要件に該当する事実の認識に加えて，自らが心神喪失または心神耗弱に陥ることについての認識もあります。したがって，Xには殺人罪（199条）としての責任能力があると認められます。

> 問題9-3：Xは，かねてから仲が悪かったAを殺害したいと思っていたが，しらふで実行する勇気がなかった。そこで，Aと一緒に酒を酌み交わしていた際，Xは景気づけに瓶ビールを5本飲んだところ熟睡してしまい，Aを殺害することができなかった。

　構成要件モデルによれば，問題9-3では，飲酒行為が実行行為として評価されますので，その後熟睡してしまった場合でも，Xには殺人未遂罪が成立することになります。しかし，こうした考え方に対しては，未遂犯の成立時期が早すぎるという批判が向けられています。

　そこで第2に，結果行為が実行行為であるとして，その責任を原因行為時までさかのぼるモデルが主張されています。このようなモデルは**責任モデル**と呼ばれ，実行行為に着目して**結果行為説**ともいわれています。責任モデルは，同時存在原則の前提とされる「行為」＝「実行行為」と責任の同時存在の例外を認めるため，**例外モデル**と呼ばれることもあります。なぜ例外が認められるのかというと，原因行為の時点で行為者に意思決定の自由が存在し，その時点での意思決定が実現しているため，実行行為である結果行為の時点で心神喪失・心神耗弱状態であったとしても，結果行為と原因行為を一体として捉えるこ

とができ，行為者への責任非難は可能だと考えられるからです。責任
モデルによれば，主な構成要件要素は，次のような内容となります。

実行行為：結果行為
結果：最終結果
因果関係：結果行為と最終結果との間の事実的因果関係と法的因果関係
故意：構成要件の客観的内容

　問題9-2の事実を責任モデルにあてはめてみましょう。実行行為は
結果を直接発生させる行為ですから，包丁を振り回す行為となります。
その上で，原因行為である飲酒した時点にさかのぼってみると，Xは，
飲酒しないことも可能であったにもかかわらず，殺害行為の景気づけ
に飲酒し，その意思通り，酩酊状態の中で包丁を振り回してAを殺
害していることから，原因行為の時点で行為者に意思決定の自由が存
在し，その時点での意思決定が実現していると評価できます。したがっ
て，結果行為と原因行為を一体として捉えることができ，Xを非難す
ることは可能ですので，Xには殺人罪としての責任能力があると認め
られます。

3　原因において自由な行為の法理の限界
　最近では，構成要件モデルと責任モデルを使い分ける見解が有力化
しています。それぞれのモデルの限界を知るために，まずは，問題9
-4を見てみましょう。

問題9-4：Xは，仕事終わりに自家用車で飲食店に立ち寄り，赤ワイン
を1本飲んだ後，帰宅するために自家用車を運転した。帰宅途中，X
はアルコールの作用による眠気に襲われ，ふらつき運転をしていた。そ
の様子を発見した警察官から車を止められ，職務質問を受けたXは，
何度も同じ答えを述べるほど，ひどく酔っ払っていた。

　問題 9-4 では，X が酒酔い運転（道交法 65 条 1 項）をしています。もっとも，帰宅途中，アルコールの作用によってふらつき運転をしていることから，X が少なくとも心神耗弱（限定責任能力）状態であったと認められるでしょう。この事例では，ふらつき運転が結果行為であり，赤ワインを飲む行為が原因行為となります。構成要件モデルによれば，実行行為は原因行為ですので，赤ワインを飲む行為が酒酔い運転罪の実行行為とされます。一方，責任モデルに基づくと，実行行為は結果行為ですので，ふらつき運転が酒酔い運転罪の実行行為とされます。

　2 つのモデルを比較してみると，構成要件モデルの実行行為に違和感を覚えませんか。酒酔い運転罪は，アルコールの影響により正常な運転ができないおそれがある状態で運転した場合，他に何らかの結果が発生しなくても成立する犯罪です。このように，単に実行行為をすれば直ちに犯罪が成立するものを刑法では挙動犯と呼んでいますが，挙動犯においては，構成要件に該当する行為が詳細に限定されています。そのため，構成要件モデルに対しては，ふらつき運転以外の行為，すなわち飲酒行為を酒酔い運転罪の実行行為と捉えることには無理があるとの批判が向けられています。判例も，挙動犯の成立が問題となる事案では，責任モデルを採用しています。

　さらに，問題 9-4 の X は，かろうじて運転することができているため，なお責任能力が残存していたものと思われます。構成要件モデルに対しては，そのような状態を「道具」のように利用する間接正犯と類似の構造であるとみなせないのではないか，との疑問も向けられています。

　責任モデルに問題 9-4 の事実をあてはめると，原因行為の時点で，赤ワインを飲まないという選択も自由になしえたはずであり，それにもかかわらず飲酒し，自家用車で帰宅していますので，酒に酔った状

態で運転するとの意思決定がそのまま実現しています。したがって，結果行為と原因行為を一体として捉えることができ，Xを非難することは可能ですので，Xには酒酔い運転罪の責任能力が認められます。

> 問題9-5：Xは，酒を飲み過ぎると他人に暴力を振るうことを自覚していたため，ほどほどに晩酌を楽しんでいた。しかし，うっかり酒を飲み過ぎてしまったXは，完全な酩酊状態となり，妻Aに暴行を加えて全治2週間の怪我を負わせてしまった。

　問題9-5のXは，うっかり酒を飲みすぎて完全な酩酊状態となったことから，過失によって心神喪失（責任無能力）に陥ったと認められるでしょう。それでもなお，Xに過失致傷罪（209条）は成立するでしょうか。責任モデルによれば，実行行為は結果行為ですので，Aへの暴行が実行行為となります。もっとも，暴行を加えた時点では責任無能力であるため，原因行為に目を向けると，飲み過ぎを思いとどまることができたにもかかわらず，うっかり酒を飲み過ぎていることから，原因行為の時点でXには意思決定の自由が存在します。したがって，結果行為と原因行為を一体として捉えることができ，Xを非難することは可能ですので，Xには過失致傷罪としての責任能力があると認められるでしょう。

　しかし，このように複雑な理論を用いなくても，端的に，原因行為である飲酒行為についての注意義務違反を問題にすれば，過失行為を認定することができます。すなわち，問題9-5では，酒を飲み過ぎるとAに暴力を振るって怪我をさせることについて，Xは予見できたはずであり，そうであれば予見可能性が認められます。また，酒を飲み過ぎないようにすることもできたはずですので，結果回避義務違反も認められます。さらに，飲み過ぎなければAの怪我を回避することは可能ですので，結果回避可能性も認められて差し支えありません。

したがって，Xには過失犯の成立要件が揃っており，過失致傷罪の成立を認めることができるでしょう。

（小島秀夫）

第 10 回　違法性の意識の可能性

1　違法性の意識とは何か

　犯罪事実の認識・認容があれば，（構成要件的）故意が認められますが，故意があったとしても，その行為を遂行することが「許される」と思った場合に，刑法上どう処理するかが問題となります。この場合，行為者は，自己の行為が適法であると誤信しており，「**違法性の意識**」を欠いているわけですが，これを「**違法性の錯誤**」といいます。違法性の意識の存在が犯罪成立要件でないとすれば，行為者が許されると誤信していたとしても，犯罪は成立します。判例は，基本的にこの立場です。これに対して，違法性の意識の存在が犯罪成立要件であるとすれば，行為者が許されていると誤信した場合には，故意責任が欠けて犯罪不成立となります〈総 373 頁以下〉。

2　違法性の意識の可能性

　通説によれば，故意責任が認められるために，違法性の意識は要件とされませんが，違法性の意識の「**可能性**」は要件とされています〈総 376 頁以下〉。例えば，**確信犯人**（自分の行為が絶対正しいと信じ込んで犯罪を遂行する犯人）や**常習犯人**（何度も犯罪を繰り返し，自分の行為が悪いという意識が鈍磨した犯人）などは，違法性の意識が認められない結果，故意責任が阻却されるというのは妥当ではなく，違法性の意識が生じ得る可能性があるにもかかわらず犯罪を遂行したことに責任非難が肯定できるでしょう。違法性の意識の可能性が存しない場合には，当該行為を遂行したことは無理からぬことであり，責任非難はできな

いわけです。判例は，前述のように，基本的に「違法性の意識不要説」
ですが，「違法性の意識の可能性必要説」をまったく排除するもので
はないと思われるものもあります。

3　意味の認識

> 問題 10-1：洋書専門店社長のＸは，ドイツ語のエロ小説であるにもか
> かわらず，ドイツ語をまったく読めなかったので，ざっと見て哲学書だ
> ろうと軽信して出版した結果，わいせつ文書頒布等罪（175 条）に問
> われた。

　Ｘの行為は，わいせつ文書頒布等罪の客観的構成要件に該当します
が，故意が認められるかという点が問題となります。故意の認識対象
は，客観的構成要件に該当する事実ですが，どこまで認識していれば
故意が認められるかが問題となります。本問では，Ｘには，事実認識
がないのか，それとも，違法性の意識がないのかが問題となるわけで
す。この事実認識と違法性の意識との境にあるのが「意味の認識」で
す。それは，法的評価の手前に位置する社会的評価のレベルに存する
認識であり，一般に「素人仲間の平行的評価」の認識といわれていま
す。つまり，法的評価に対応する社会的評価を認識していれば，故意
が肯定されます。本問では，法的評価である「わいせつ」の認識では
なく，その社会的評価である「いやらしい」ことの認識があれば，わ
いせつ物頒布等罪の故意は肯定できるわけです。Ｘは，ドイツ語を理
解しておらず，この本の内容をまったく知らないわけですから，意味
の認識がなく，わいせつ物頒布等罪の故意は否定されることになりま
す。

4 「違法性の意識（の可能性）」の体系的地位

> 問題 10-2：ドイツ書専門店社長の X（もちろんドイツ語に堪能）は，営業不振から脱却するために，ドイツ語のエロ小説を出版した結果，わいせつ文書頒布等罪に問われたが，X は，この小説はわいせつ文書頒布等罪の『わいせつ』には絶対当たらないと確信して出版に踏み切ったものだった。

　本問は，問題 10-1 とは異なり，X は，小説が「エロ小説」であり，「いやらしい」ものであるなどの事実については認識しています。すなわち，X には意味の認識があるわけです。しかし，「わいせつ」にはあたらないと信じ込んでおり，これは，法的評価を誤信しているわけで，違法性の意識を欠いていることになります。すなわち，違法性の錯誤であり，前述したように，違法性の意識は，そもそも不要なのか，故意の要件なのか，あるいは，故意とは別個の責任の要件なのかということから判断されることになります。判例は，基本的に，**違法性の意識不要説**ですから，違法性の錯誤は，故意あるいは故意責任に影響を与えません。したがって，X には，わいせつ文書頒布等罪が成立することになります。これに対して，通説は，**違法性の意識の可能性**を故意あるいは責任の要素と位置づけますから，違法性の意識の可能性があれば，故意あるいは故意責任が肯定されますが，違法性の意識の可能性がなければ，故意あるいは故意責任は否定されます。

　違法性の意識の「可能性」があったか否かという判断は，具体的事案によりますが，一般的基準としては，具体的状況の下で行為者に自己の行為の違法性を意識する契機が与えられ，行為者に違法性を意識することが期待できたか否か，ということになるでしょう。本問の X には，公的機関や判例等で，自己の行為が許されないとの認識を持つことを期待できたでしょうから，違法性の意識の「可能性」があった，

つまり，違法性の錯誤について相当な理由がなかったと判断でき，故意あるいは故意責任は肯定されるでしょう。

5　違法性の錯誤の処理

> 問題 10-3：映画監督 X は，男女の性交を連想させる場面などが撮影されていた映画を上映したところ，わいせつ図画の公然陳列罪（175 条）に問われたが，X は，この映画が映倫管理委員会の審査を通過したことから，わいせつ図画に当たらないと思っていた。

　本問では，X の行為は，わいせつ図画公然陳列罪の客観的構成要件に該当し，その故意もありますが，わいせつ図画に当たらない，したがって，許されると思って上映したわけです。すなわち，X には違法性の意識がなく，違法性の錯誤に陥っている事案です。判例によれば，基本的に，X には故意犯が成立します。しかし，この事案（映画の題名は「黒い雪」）について，東京高裁は，違法性の意識を欠くことにつき相当の理由があるとして犯罪不成立としました〈総 377 頁〉。その理由は，映倫制度の趣旨と，映倫通過作品については一度も公訴提起がこれまでなされていないという点に求められました。このように，下級審では，違法性の錯誤について相当の理由がある場合には故意を阻却する判例がいくつか登場しています。いわゆる「百円札模造事件」〈総 376 頁以下〉でも，違法性の意識の可能性を問題としており，なお流動的といえるでしょう。

6　違法性の意識の「違法性」の内容

> 問題 10-4：X は，腐朽した村所有の木橋の架け替えが実現しなかったので，雪害による落下を装い，災害補償金交付を受けようと計画し，ダ

イナマイトで木橋を損壊した。Ｘは，爆発物取締罰則 1 条（死刑，無期・7 年以上の懲役・禁錮）の規定および法定刑の重さについて知らなかった。

　本問では，違法性の意識における「違法性」とは何かが問題となります。まず，この「違法性」は犯罪成立要件の違法性とは異なり，行為者に対する責任判断という観点から理解されるべきです。したがって，その内容は，一般に，「法的に許されないこと」と解されています。それは，何らかの法規範に直面すれば反対動機が形成され得るのであり，それにもかかわらず，あえて違法行為をする決定をしたことに責任非難が肯定できるからです。本問におけるＸは，処罰規定の存在と，刑の重さについて知らなかったわけですが，最高裁（関根橋事件）〈総 375 頁〉は，「自己の行為に適用される具体的な刑罰法令の規定ないし法定刑の寛厳の程度を知らなかったとしても，その行為の違法であることを意識している場合は……同項但書により刑の減軽をなし得べきものでない」と判示しました。

　前述のように，判例は，違法性の意識不要説であり，Ｘに違法性の意識があろうとなかろうと犯罪成立には影響しませんが，38 条 3 項ただし書の適用が認められるか否かは問題となります。判例によれば，38 条 3 項にいう「法律」は「違法性」を意味し，違法性の錯誤によって違法性の意識がなかったとしても故意は阻却されないが，宥恕すべき場合には，同条同項ただし書によって刑を減軽し得ると解することとなります。

　本問のＸには，違法性の意識があったのですから，38 条 3 項ただし書の適用はないという結論になるでしょう。

（高橋則夫）

第 11 回　実行の着手

1　実行の着手とは何か

　これまでの議論では，単独で，結果が発生した場合を想定した検討がなされてきました（単独犯による既遂犯）。ここからは，複数人で実行する場合（共犯）と，結果が発生しなかった場合（未遂犯）を検討していきます。

　今回検討する**実行の着手**とは，43 条本文で用いられている用語です。すなわち，「犯罪の実行に着手してこれを遂げなかった」という具合です。この場合の効果は，「刑を減軽することができる」，すなわち任意的減軽です。

　未遂犯とは，一般的には結果が発生しなかった場合のことをいいますが，正確には先ほど見たように，43 条本文が定めるとおりです。したがって，「実行の着手」という段階にまでは至っている必要があるわけです。

　例えば，以下のような場合を考えてみましょう。

問題 11-1：X は窃盗の目的で閉店後の家電量販店に侵入し，ノートパソコンのフロアで軽くて高価な品物を発見し，手を伸ばしたところで警備員に取り押さえられた。

　この場合，占有の移転という窃盗罪の結果は発生していませんので，「これ（窃盗）を遂げなかった」といえます。また，X は，「手を伸ばす」という窃取行為を実際に行っていますので，「実行に着手した」ともいえ，窃盗未遂罪ということになります。なお，「未遂を罰する

場合は，各本条で定める。」とありますので（44条），未遂犯処罰規定が各則に定められていなければ未遂犯では処罰されません。窃盗罪に関しては，243条に（強盗罪等とともに）その未遂を処罰する規定があります。

　さて，すでに述べたように未遂犯は，「結果が発生しなかった」だけでなく，「実行に着手した」ことも成立要件となっています。今回は，この「実行の着手」を学ぶわけです。なぜ実行の着手を検討する必要があるのか，以下の事例を見て考えてみましょう。

> 問題11-2：Xは，手持ちの現金が乏しくなってきたので，家電量販店から品物を盗み出して転売することを考えて閉店後の家電量販店に向かったが，店の前にあった宝くじ売場の掲示で，1等が当たっていることに気づいて引き返した。

　結論を先にいえば，この場合，窃盗未遂罪は成立しません。というのは，「実行の着手」に至っていないからです。このように，「実行の着手」とは，問題11-1のように，ある程度結果に近づいている段階を指します。この，「ある程度結果に近づいている段階」をどのように定義し，それが具体的にどのような場合を指すのかを今回で検討します。なお，実行の着手より前の段階のことを予備と呼び，殺人や強盗などのごく限られた犯罪に限って処罰の対象となっています（殺人予備は201条，強盗予備は237条に処罰規定があります）が，窃盗の予備行為を処罰する規定はないため，問題11-2のXは不可罰となります。予備罪は現実の適用例はほとんどないため，今回はそれ以上は扱いません。

2　実行の着手の定義とその具体例

　さて，実行の着手をめぐっては学説の対立が激しく，判例の立場も

明らかではありませんが，行為者の故意や行為計画を考慮して，危険が切迫した時点で実行の着手を認めていると理解されています〈総397頁〉。具体的に考えてみましょう。

問題 11-3：Xは，窃盗の目的で深夜，電機店に侵入し，なるべくなら現金を盗みたいと思い，家電類の山を通り過ぎて店舗隅のタバコ売場に行きかけたところで，たまたま居合わせた店員Aに取り押さえられた。

この問題では，「なるべくなら現金を盗みたい」という目的（行為計画）がXに認められます。深夜，その目的で現金がレジなどに収められていると思われるタバコ売場に向かうことは，現金を盗むというXの目的に密接しており，危険が切迫しているといえます。したがって，Xには窃盗未遂罪が成立します。

問題 11-3 のように，最終的な結果に，時間的にも場所的にも密接した行為に関しては，実行の着手を認めることは比較的容易です。もう一つ，別の犯罪を例に考えてみましょう。

問題 11-4：Xは，木造のA宅を火事にするつもりで，玄関にガソリンをまいて，ライターに点火したところで，警察官Bに後ろから取り押さえられた。

この場合，現住建造物等放火未遂罪（108条，112条）が成立します。木造の（それゆえに燃焼が容易な）A宅を火事にするつもりという目的（行為計画）に基づいてガソリンをまいた上にライターに点火すれば，現住建造物（A宅）が焼損する危険は切迫しているといわざるを得ないからです。このように，具体的な実行の着手時期は犯罪類型ごとに異なるので，各論の学習と関連する面もあります。

さて，実行の着手時期が，結果的加重犯の成否と関連する場合もあります。以下の問題を見てみましょう。

> **問題 11-5**：X は，強制性交目的で A に暴行を加えて自車内に引き入れ，その後，10 キロメートル先まで 10 分程度かけて予定していた山中に移動した後，性交した。なお，A は，X の自動車に引き入れられる際の暴行によって全治 2 週間の傷害を負った。

　この問題では，被害者が負傷しています。そのため，強制性交等致傷罪（181 条 2 項）を思いつくところですが，その負傷は性交行為の際ではなく，その 10 分前に，10 キロメートル離れた場所で行われた暴行行為から生じています。そのため，その時点・場所において強制性交等罪の実行の着手があったと考えない限り，強制性交等致傷罪は成立しません。同条同項も，「第 177 条……の罪又はこれらの罪の未遂罪を犯し，よって人を死傷させた者」と定めています。

　この場合，たしかに，結論として強制性交等致傷罪は成立します。ただそれは，X が強制性交等罪という悪質な犯罪の実行者であるから重く処罰すべきであるとか，その者が被害者を負傷させたというだけの理由ではありません。そうではなくて，上記の実行の着手の定義に照らせば，自動車に引き入れる行為の時点で実行の着手があったといえるからです。そして，答案を書く際は，実行の着手の定義に照らすことが重要です（それを論点ごとに示しているのが本書です）。

　X は，たしかに 10 分かけて 10 キロメートルもの距離を移動しています。とはいえ，X は強制性交の目的（行為計画）で A を車内に引き入れています。車内に引き入れられてしまうと強制性交が既遂に至る危険性はきわめて高まりますので，引き入れる段階で強制性交等罪の実行の着手があったということができます。そのため，問題 11-5 の X は，強制性交等致傷罪の罪責を負います。

3　間接正犯の場合

　間接正犯とは，他人を道具として利用し犯罪を実現する場合をいいます。この場合における実行の着手時期については，別の注意が必要です。例えば以下のような場合を考えてみましょう。

> 問題 11-6：Xは，埼玉県在住の A を殺害する目的で，出張先の仙台駅構内から菓子に毒を入れて A 宅に発送したが，その荷物は埼玉県内の営業所に届く前に行方不明になってしまった。

　毒入りの菓子を発送すれば，その時点で，それを食した被害者が死亡する危険が認められる……といえれば問題は簡単なのですが，到達するまで時間的にも場所的にも離れていますので，どの時点で実行の着手を認めるかが問題です。

　判例は，到達して食べることが可能な状態になったことをもって，殺人未遂罪が成立するとしています。2 の冒頭で述べたように危険が切迫した時点で着手を認めるのが判例の立場ですから，それを前提とすれば受領の時点においてそれを食べた人が死亡する危険が切迫したといえ，その時点で殺人未遂罪を認めるのが素直な考え（定義のあてはめ）です。

　この点，「実行の着手」とは行為者の行為のことを指すはずであり，それと離れたところ（荷物の到達時点）で「着手」があったとみることは不自然ということはできます。そのため，この点をめぐっては学説の対立がやはり激しい部分ですが，発送の時点で実行行為はあるが，未遂犯の処罰根拠である危険は生じていないとして，発送時にはまだ未遂犯としての可罰性を認めないという説明がありえます〈総 405 頁，109 頁以下〉。

（山本紘之）

第 12 回　不能犯

1　不能犯とは

　行為者が既遂を目指して行為に出たものの，法益侵害の危険性が認められず，結果の発生が不可能である場合を**不能犯**といいます。不能犯は，結果の不発生を前提としていることから不能未遂とも呼ばれますが，未遂犯とは異なり，法益侵害の危険性がないため，犯罪は成立せず，処罰されません。すなわち，結果が発生しなかった場合において，法益侵害の危険性がないときは不能犯となり，法益侵害の危険性があるときは未遂犯となります。

2　未遂犯と不能犯の区別

　では，法益侵害の危険性の有無はどのように判断されるのでしょうか。**空ピストル事件**〈総412頁〉をモチーフにした次の事例とともに考えてみましょう。

> 問題 12-1：Xは，警察官Aから奪った拳銃でAを射殺しようとしたが，Aがたまたま銃弾を装塡し忘れて拳銃に弾が入っていなかったため，Aを殺害することができなかった。

　弾が入っていない拳銃で人を殺害することは，絶対に不可能です。一方，警察官が所持する拳銃には通常であれば弾が入っており，結果が発生しなかったのは偶然であるともいえます。

　学説の多くは，①一般人が知りえた事実と行為者が特に知っていた事実をもとに，②一般人が法益侵害の危険を感じるかどうか，という

基準で法益侵害の危険性の有無を判断します（**具体的危険説**）。問題12-1の事実をあてはめると，①一般人が知りうる事実は，警察官が所有する拳銃には弾が入っているとの事実でしょう。一方，Xは，その拳銃に弾が入っていないという事実を特別に知っていたわけではありません。②このような事実をもとに，Xが当該拳銃の引き金を引けば，一般人は，Aの生命が侵害される危険を感じます。したがって，Xの行為には法益侵害の危険性があると評価されるため，未遂犯となり，Xには殺人未遂罪が成立します。

　しかし，客観的に見れば拳銃に弾が入っていなかったにもかかわらず，殺人未遂罪として処罰するのは，人の生命という法益を保護するために必要ではないということもできそうです。

　そこで，法益侵害の危険性を客観的に判断する考え方（**客観的危険説**）も有力に主張されています。かつての判例は，結果の発生が絶対に不可能な場合（絶対的不能）は不能犯，偶然発生しなかったに過ぎない場合（相対的不能）は未遂犯とする考え方（**絶対的不能・相対的不能説**）に基づいていました〈総411頁〉。このような考え方に問題12-1の事実をあてはめると，客観的に見れば拳銃に弾が入っていなかったので，Aが死亡するという結果の発生は絶対に不可能です。そのため，Xの行為には法益侵害の危険性がなく，不能犯となるため，Xに殺人未遂罪は成立しません。

　最近では，①行為時に客観的に存在していた事実をもとに，専門的な知識をもつ一般人の視点から，仮にどういう事実だったら結果が発生しえたかを明らかにし，②そうした仮の事実が存在しえたかによって，法益侵害の危険性の有無を判断する考え方（**修正された客観的危険説**）も主張されています。問題12-1の事実をあてはめると，①行為時に使用されたのは弾が入っていない拳銃だったという客観的な事実をもとに，鑑定人のような知見を有する一般人の視点から，弾が入っ

ていればAを射殺しうることは科学的に明らかであり、②こうした仮の事実は容易に存在しうるでしょう。それゆえ、Xの行為には法益侵害の危険性があると評価されるため、未遂犯となり、Xには殺人未遂罪が成立する、との結論が導かれます。

3　客体の不能

　客体の不能とは、行為の客体が存在しないため、法益侵害の危険性がなく、犯罪が成立しない場合です。問題12-2は、客体の不能とされる典型例です。

> 問題12-2：Xは、広大な田園地帯にポツンと設置されている案山子を人であると思い込んで、その周辺には誰も人がいないことを認識しながら、殺害の意図で案山子に向けて銃を発砲した。

　具体的危険説の考え方に問題12-2をあてはめると、①一般人は、案山子が人ではないという事実を知りえますし、Xが特別に知っていた事実はありません。②これらの事実をもとに、Xが案山子に向けて銃を発砲しても、一般人は、人の生命が侵害される危険を感じないでしょう。したがって、Xの行為には法益侵害の危険性がなく、不能犯となるため、Xに殺人未遂罪は成立しません。

　客観的危険説の考え方にあてはめてみると、絶対的不能・相対的不能説によれば、案山子は人ではありませんので、人が死亡するという結果の発生は絶対に不可能です。それゆえ、Xの行為には法益侵害の危険性がなく、不能犯となるため、Xに殺人未遂罪は成立しません。また、修正された客観的危険説によれば、①案山子は人ではないという客観的な事実をもとに、科学者のような知見を有する一般人の視点から、仮に案山子が人だった場合には人が死亡するという結果が発生しますが、②そうした仮の事実は存在しえません。したがって、やは

りⅩの行為には法益侵害の危険性がなく，不能犯となるため，Ⅹに殺人未遂罪は成立しません。

4　方法の不能

　方法の不能とは，当該行為の方法からは結果が生じないため，法益侵害の危険性がなく，犯罪が成立しない場合です。問題 12-3 は，方法の不能とされる典型例です。

> 問題 12-3：Ⅹは，ささいなことからＡと夫婦喧嘩になり，Ａが死んでも構わないと思いながら，台所に置いてあった木綿豆腐を手に取り，Ａの頭部を狙って投げつけた。

　「豆腐の角に頭をぶつけて死ぬ」という言い回しがありますが，実際，豆腐の角に頭をぶつけて死んだ人は，世の中に存在するでしょうか。具体的危険説の考え方に問題 12-3 をあてはめてみましょう。①一般人は，木綿豆腐の性質を知りえますが，仮にＡが大豆アレルギーであったとしても，そのような特別な事実を一般人は知りえないはずです。Ⅹも，そのような事実を特別に知っていたわけではありません。②これらの事実をもとに，Ⅹが木綿豆腐をＡの頭部に投げつけても，一般人は，Ａが死亡する危険を感じないでしょう。そのため，Ⅹの行為には法益侵害の危険性がなく，不能犯となるため，Ⅹに殺人未遂罪は成立しません。

　客観的危険説の考え方にあてはめてみると，絶対的不能・相対的不能説によれば，木綿豆腐をＡの頭部に投げつける行為からＡが死亡するという結果の発生は，絶対に不可能です。それゆえ，Ⅹの行為には法益侵害の危険性がなく，不能犯となるため，Ⅹに殺人未遂罪は成立しません。また，修正された客観的危険説によれば，①Ⅹが手にしたのは木綿豆腐だったという客観的な事実をもとに，鑑定人のよう

な知見を有する一般人の視点から，仮に木綿豆腐が石のように固い場合には結果が発生することは科学的に明らかですが，②木綿豆腐が石のように固いという仮の事実は存在しえません。したがって，やはりXの行為には法益侵害の危険性がなく，不能犯となるため，Xに殺人未遂罪は成立しないとの結論が導かれます（なお，Xに暴行罪が成立する可能性は残されています。詳しくは第18回参照）。

> 問題12-4：Xは，Aを殺害すべく，空気の入った注射器を手に取り，Aの腕の静脈に注射したが，注入した空気の量が致死量に達していなかったため，Aを殺害することができなかった。

　問題12-4はどのような結論になるでしょうか。具体的危険説によれば，①一般人は，注射器の中に空気が入っているかどうかを知りえますし，Xは手に取った注射器の中に空気が入っていることを知っています。②これらの事実をもとに，Aの腕の静脈に空気を注射すれば，一般人は，Aの生命が侵害される危険を感じます。したがって，Xの行為には法益侵害の危険性があると評価されるため，未遂犯となり，Xには殺人未遂罪が成立します。

　客観的危険説の考え方にあてはめてみると，絶対的不能・相対的不能説によれば，注射された空気の量が致死量以下であれば，Aが死亡するという結果の発生は絶対に不可能であると思われるかもしれません。しかし，修正された客観的危険説によれば，①行為時に使用されたのは致死量に至らない空気の入った注射器だったという客観的な事実をもとに，医者のような知見を有する一般人の視点から，仮にAが持病などを抱えている場合には，致死量以下の空気でも静脈に注射されればAが死亡する可能性があり，②こうした仮の事実は容易に存在しうるでしょう。それゆえ，Xの行為には法益侵害の危険性があると評価されるため，未遂犯となり，Xには殺人未遂罪が成立すると

の結論が導かれます。

なお，問題 12-4 の類似判例である**空気注射事件**〈総 413 頁〉では，「身体的条件その他の事情のいかんによっては死の結果発生の危険が絶対にないとはいえない」として殺人未遂罪の成立が認められています。

> 問題 12-5：Ｘは，ガスの元栓が開いているガスコンロのゴムホースを引き抜き，都市ガスを部屋に充満させてＡと無理心中を図ろうとしたが，Ｘを訪ねてきた友達に発見されたため，その目的を遂げることができなかった。

最後に，問題 12-5 も考えてみましょう。具体的危険説によれば，①一般人は，ガスの元栓が開いているガスコンロのゴムホースを引き抜けば都市ガスが部屋に充満することを知りえますし，Ｘだけが特別に知っていた事実はありません。②これらの事実をもとに，都市ガスを部屋に充満させれば，一般人は，Ａの生命が侵害される危険を感じます。したがって，Ｘの行為には法益侵害の危険性があると評価されるため，未遂犯となり，Ｘには殺人未遂罪が成立します。

客観的危険説の考え方にあてはめてみると，絶対的不能・相対的不能説によれば，都市ガスが一酸化炭素を含まない天然ガスである点を踏まえると，ガス中毒死は絶対に発生しないといえそうです。しかし，修正された客観的危険説によれば，①行為時に使用されたのは都市ガスだったという客観的な事実をもとに，ガスの性質について知見を有する一般人の視点から，仮に都市ガスを部屋に充満させて空気中の酸素濃度を減らした場合には，Ａは窒息死する可能性があり，②こうした仮の事実は容易に存在しうるでしょう。それゆえ，Ｘの行為には法益侵害の危険性があると評価されるため，未遂犯となり，Ｘには殺人未遂罪が成立するとの結論が導かれます。

　なお，問題 12–5 の類似判例である**ガス中毒死事件**〈総 413 頁〉では，一般人は，都市ガスを漏出させれば室内にいる者を死亡させる極めて危険な行為であると認識しており，社会通念上，そのような行為は人を死亡させる危険な行為であると評価されているとして，殺人未遂罪の成立が認められています。

（小島秀夫）

第 13 回　中止犯

1　中止犯とは何か

　今回学ぶ中止犯は，43 条ただし書に定められています。すなわち，「自己の意思により犯罪を中止した」が要件であり，その効果は，「刑を減軽し，又は免除する」（必要的減免）です。要件は，「自己の意思により」（①**任意性**）および「中止した」（②**中止行為**）の二つです。まず，以下の典型例を見てみましょう。

> 問題 13-1：Ｘは，自宅でくつろいでいるＡを殺害する目的のもと，弾丸をすべて込めたライフルの狙いをＡに定めて引き金に手をかけたところで，Ａの娘がＡと楽しく遊んでいるところを見て思い直して引き返した。

　Ｘは，Ａを殺害する目的でライフルの狙いをＡに定めて引き金に手をかけていますので，殺人罪の実行に着手したといえ，殺人未遂罪が成立します。この点で，前提としての未遂犯が認められます。そしてＸは，「思い直して」（①**任意性**），「引き返して」（②**中止行為**）いますので，中止犯が成立します。一般的な見解によれば，任意性は，「行おうと欲してもできないのか（未遂犯），行い得るが行おうと欲しないのか（中止犯）」という基準で判断されます（主観説）。中止行為は，因果関係を遮断しなければ結果が発生してしまう場合は作為が必要だが，因果関係を遮断しなくとも結果が発生しない場合は不作為で足りると解されています。

　なお，中止犯は 43 条ただし書の規定ですから，本文である未遂犯

の成立が前提となっています。例えば，以下のような場合はどうでしょうか。

> 問題13-2：Xは，弾丸をすべて込めた拳銃の狙いをAに定めて発射したところ，弾丸はAに命中し，傷口からはおびただしい流血があった。Xは，それを見て自己の行為を後悔して懸命に手当を施したものの，Aは死亡してしまった。

　この場合，Xは懸命な手当を施していますから中止行為があり，後悔に基づくものですから任意性も認められます。しかし，Aが死亡してしまっていますので，そもそも殺人未遂罪ではなく既遂罪となります。そのため，前提としての（43条本文に定める）未遂犯が成立しないため，中止犯にもなりません。

　では，以下で，43条ただし書の要件を具体的に見ていきましょう。

2　中止行為

　まず，客観的な要件である中止行為から見ていきます。中止行為は，先ほども述べたように，因果関係を遮断しなければ結果が発生してしまう場合は作為が必要である一方，因果関係を遮断しなくとも結果が発生しない場合は不作為（それ以上の実行行為を行わないこと）で足りると解されています。

　以下のような場合を考えてみましょう。

> 問題13-3：Xは，弾丸をすべて込めた拳銃の狙いをAに定めて最初の一発を発射したところ，弾丸は命中しなかった。Xは，今日は日が悪いと思って引き返した。

　この問題は，弾丸が命中していませんので，因果関係を遮断しなくとも結果が発生しない場合にあたります。そのため，中止行為は不作

為で足ります。Ｘはそれ以上の発砲をしていませんので，中止行為に当たります。また，それ以上の発砲も可能な状態であるのに中止したといえますので，任意性も肯定されます。そのため，問題 13-3 のＸは中止犯にあたります。

　次に，因果関係を遮断しなければならない場合を見てみましょう。

> 問題 13-4：Ｘは，弾丸をすべて込めた拳銃の狙いをＡに定めて発射したところ，弾丸はＡに命中し，傷口からはおびただしい流血があった。Ｘは，流血を見てその場にいる気持ちになれずに引き返したが，たまたま通りかかったＢがＡに適切な手当を施したためＡは一命を取り留めた。

　この問題では，弾丸が命中し，おびただしい流血があるため，因果関係を遮断しなければ結果（人の死）が発生してしまう場合といえます。このような場合に「中止した」というためには作為が必要です。問題 13-4 のＸが行ったことは不作為にとどまりますので，中止行為があったとはいえません。では，作為とはどのような行為をいうのか，次の問題を見てみましょう。

> 問題 13-5：Ｘは，弾丸をすべて込めた拳銃の狙いをＡに定めて発射したところ，弾丸はＡに命中した。Ａが苦しんでいるところを見てＸは後悔し，Ａに駆け寄って手当を施し，救急車を手配して同行して救急隊員にすべての事情を説明したところ，Ａに適切な措置が施されたためＡは一命を取り留めた。

　この問題も，因果関係を遮断しなければ結果が発生してしまう場合です。そしてＸは，手当を施し，救急車を呼ぶという作為を行っています。このような，結果発生を防止するための積極的な作為を行っていれば，因果関係を遮断しなければ結果が発生してしまう場合にお

いても中止行為が認められることになります。また，問題 13-5 の X
は，「後悔し」てそうした中止行為を行っていますので，①任意性も
認められます。そのため，問題 13-5 の X は殺人未遂罪の罪責を負い
ますが，中止犯として刑が減軽または免除されます。

　なお，こうした場合にどこまでの作為を行えばよいのかについては，
判例と学説で争いがあります。判例は真摯な努力が必要だとしている
一方，学説の多数はそこまでの要求はしていません〈総 423 頁以下〉。

　ところで，以下のような場合はどのように考えるべきでしょうか。

> 問題 13-6：X は，自室でくつろいでいる A を殺害する目的のもと，弾
> 丸を一発だけ込めたライフルの狙いを A に定めて発射したところ，弾
> 丸は命中しなかった。X は，今日は日が悪いと思って引き返した。

　この事案は，A に弾丸が命中したわけでもないので因果関係を遮断
しなくとも結果が発生しない場合であって，そこで引き返しています
ので，中止行為もあったといえそうです。では中止犯として刑を必要
的に減軽または免除すべきかといえば，疑問が生じます。

　このような場合，そもそも消滅させるべき結果発生の危険が存在し
ていないことを理由に，中止すべき行為がもはや存在しておらず中止
行為を行うことがもはやできないとして，中止行為の存在が否定され
ます。

3　任意性

　次に，任意性について見ていきましょう。先ほど述べたように，任
意性は，「行おうと欲してもできないのか（未遂犯），行い得るが行お
うと欲しないのか（中止犯）」という基準で判断されます（主観説）。
具体的に見てみましょう。

問題 13-7：Xは，対立する暴力団幹部Aを刺殺しようと小刀を手に駆け寄ったところ，ボディガード数名が素早くAの前に立ちはだかったのを見て実行が不可能になったと察し，回れ右をして逃走した。

　この問題では，Xはたしかに，中止行為は充たしているように見えます。他方，Xは実行が不可能になったことを認識しています。そのため，「行おうと欲してもできない」場合なので，任意性を欠き，通常の未遂犯（中止犯と区別するために障害未遂と呼ぶこともあります）となり，問題13-7では殺人未遂罪となります。なお，判例の立場は必ずしも明らかではありませんが，悔悟や反省などに言及するものが多く，そうした広義の後悔を要求しているとみられます〈総427頁〉。しかし学説は，そのような広義の後悔に限る条文上の理由はないとして主観説を支持するものが主流です。

（山本紘之）

第14回　間接正犯

1　間接正犯とは

　間接正犯とは，他人の行為を利用して犯罪の結果を発生させる場合をいいます。間接正犯が問題となる事例では，少なくとも人物が2人登場します。直接行為者と背後者です。直接行為者とは，結果を自らの手で直接発生させる人であり，当事者以外の第三者が直接行為者となる場合もあれば，被害者自身が直接行為者となる場合もあります。背後者とは，自らの行為では結果を発生させず，直接行為者を利用する人です。このうち背後者のみが，間接正犯になりえます。

　注意しなければならないのは，背後者は，行為の状況次第で間接正犯ではなく，共同正犯として認められたり，もしくは教唆犯や幇助犯（この2つをまとめて**狭義の共犯**といいます）として認められたりする場合もあるという点です。**共同正犯**とは，2人以上の行為者が共同して犯罪を実行した場合をいいます（詳しくは第15回で説明します）。**教唆犯**とは，他人を唆して犯罪を実行させる場合をいいます。**幇助犯**とは，他人の犯罪を手助けする場合をいいます。そのため，間接正犯と共同正犯，間接正犯と狭義の共犯の違いを押さえておく必要があります。

　まずは，間接正犯と狭義の共犯の違いから説明しましょう。間接正犯は，語尾に「正犯」という言葉がついていることからも明らかなように，正犯という性質（正犯性）を有しています。一方，教唆犯や幇助犯は，正犯性を有していません。背後者が正犯性を有しているかは，直接行為者との間に，思い通り犯罪を実現しうる一方的な利用・支配関係が見られるかどうかによって判断することができます。そのよう

な関係が見られる場合，背後者は正犯性を有していると評価されますが，見られない場合は，正犯性を有していないため間接正犯になりえません。

次に，間接正犯と共同正犯の違いを説明します。間接正犯と共同正犯は，背後者と直接行為者との間に，犯罪の実現に向けた相互の（一方的ではない）意思連絡や共謀が存在するかどうかによって区別することができるでしょう。意思連絡や共謀が存在する場合，背後者は共同正犯となりますが，存在しない場合には間接正犯となります。

まとめると，背後者の行為が間接正犯として構成要件に該当していると認められるためには，①背後者が直接行為者を一方的に利用したり支配したりする関係を有していること，②背後者が直接行為者と犯罪の実現に向けた相互の意思連絡や共謀をしていないこと，この2つが揃っていなければなりません。

2　強制による行為の利用

では，背後者が，実際にどのような行為を利用すれば間接正犯として認められるのか，順番に見ていきましょう。

> 問題 14-1：Xは，12歳の娘Aが自分に逆らう素振りを見せると，日頃からAに暴行を加えていたため，Aはいつも怯えながらXの顔色をうかがっていた。ある日，Xは金品欲しさにAに窃盗を命じて，現金や菓子などを窃取させた。

背後者が直接行為者の意思を抑圧して強制的に結果を実現させる場合は，背後者に間接正犯が認められやすいとされています。**養女強制窃盗事件**〈総 439 頁〉をモチーフにした問題 14-1 では，Xが背後者であり，Aが直接行為者ですね。Xに窃盗罪（235 条）の間接正犯が成立するためには，先に示した2つの基準，すなわち①背後者が直接行

為者を一方的に利用したり支配したりする関係を有していること，②背後者が直接行為者と犯罪の実現に向けた相互の意思連絡や共謀をしていないことが揃っていなければなりません。さっそくあてはめてみましょう。①Ｘは，Ａが逆らうと日頃から暴力を加え，Ａがいつも怯えていたことから，Ａを一方的に支配する関係を有していたといえます。②Ｘは一方的にＡに窃盗を命じていますので，ＸとＡとの間には，窃盗の実現に向けた相互の意思連絡や共謀が見られません。したがって，Ｘには窃盗罪の間接正犯が成立することになります。

3　責任無能力者の利用

> 問題14-2：Ｘは，意思能力のないＡと同居してＡの世話をしていたが，Ａを殺害すれば生活が楽になると考え，自殺の意味を理解できないＡに対して，自ら命を絶てば楽になると教え込み，Ａに毒薬入りのコーヒーを渡したところ，Ａはそれを自ら飲み，死亡した。

　責任無能力者である直接行為者の行為を利用した場合も，背後者は間接正犯になりやすいとされています。問題14-2では，Ｘが背後者であり，Ａが直接行為者であると同時に被害者でもあります。もっとも，間接正犯の成否を検討する前に，自ら命を絶つというＡの決意（同意）が有効かどうか，検討しなければなりません。もしＡの決意が有効であるならば，Ａが毒薬入りのコーヒーを自ら飲む行為は自殺行為と評価されるため，間接正犯の成否は問題となりません。そこで，Ａの決意が有効であるか検討してみると，Ａは意思能力がなく，Ｘに教え込まれた意味を理解できていませんので，同意能力を有していません。そのため，自ら命を絶つというＡの決意は無効となり，Ａが毒薬入りのコーヒーを飲む行為は自殺行為とは評価されません。次に，ＸがＡの行為を利用した殺人罪（199条）の間接正犯となりうるか，

検討する必要があります。間接正犯の成否については，先に示した2つの基準にあてはめてみましょう。①Xは，自殺の意味を理解できないAに対して，自ら命を絶てば楽になると教え込んでいますので，意思能力のないAを一方的に利用する関係を有していたといえます。②Aは自ら命を絶つことの意味を理解していませんので，XとAとの間には，殺人罪の実現に向けた相互の意思連絡や共謀が見られません。したがって，Xには殺人罪の間接正犯が成立することになります。

4　錯誤の利用

> 問題14-3：医師であるXは，囗うるさい入院患者Bを殺害しようと企て，Bに投与する点滴に毒薬を密かに混入させ，毒薬入りの点滴であることを知らない看護師Aに，Bへの投与を指示した。Aは，点滴薬の名前や量などを確認した上で，いつもと同じように当該点滴をBへ投与したところ，Bは間もなく体調が急変し，死亡した。

　錯誤によって事情を知らない直接行為者を利用する場合も，背後者は間接正犯になりえます。問題14-3では，Xが背後者，Aが直接行為者ですね。Xに殺人罪の間接正犯が成立するか，先に示した2つの基準にあてはめてみましょう。①Xは，Bを殺害しようとしていることから，殺人罪の故意が認められます。Aが毒薬入りの点滴を投与した点について，かりに過失が存在する（Aに業務上過失致死罪が成立する）場合でも，Xは故意を有していることから，Aの行為を一方的に利用して，犯罪の実現に至る流れを支配しているといえるでしょう。②Xは，点滴に毒薬を混入させたことをAに伝えていませんので，Aは事情を知らず，殺人の実現に向けた相互の意思連絡や共謀は見られません。したがって，Xには殺人罪の間接正犯が成立することになります。

5　目的や身分がない者の利用

> 問題 14-4：公務員 X は，週刊誌の記者に写真を撮られないよう，妻で
> ある非公務員 A に金銭の受け取りを指示した。A は，その金銭が便宜
> を図ってもらう見返りであることを理解した上で快諾し，後日，賄賂を
> 受け取った。

　直接行為者に故意が認められるものの，目的や身分が欠けるため，
直接行為者の行為が構成要件に該当せず，背後者が間接正犯となる場
合があります。問題 14-4 を見ると，X は背後者であり，公務員とい
う資格を有しています。一方，A は直接行為者であり，公務員という
資格を有していません。単純収賄罪（197 条 1 項）は，行為の主体が
公務員に限定される**身分犯**であり，身分がなければ犯罪が成立しない
真正身分犯です。それでは，通説の考え方に従って，X に単純収賄罪
の間接正犯が成立するか，2 つの基準にあてはめてみましょう。①X
は，A が公務員でないことを利用して，賄賂を受け取るよう指示して
いますので，A の立場を一方的に利用する関係を有していたといえま
す。②A は，X から受け取りを指示された金銭が賄賂であることを知っ
ていますので，X と A との間には犯罪の実現に向けた相互の意思連絡
や共謀が見られるように思われるかもしれません。しかし，A は公務
員ではありませんので，金銭の受け取りに正犯性を認めることはでき
ません〈総 442 頁〉。したがって，X と A との間に，共同正犯の成立
要件である相互の意思連絡や共謀は認められません。2 つの基準が
揃っているため，X には単純収賄罪の間接正犯が成立することになり
ます。

　なお，身分犯においては，身分のない者（非身分者）が身分者の犯
行に関与した場合，どのような犯罪の共犯が成立するかが問題となり
ます。65 条 1 項では，身分が関与者間で連帯的に作用することが定

められており，身分のない者であっても共犯となる旨，定められてい
ます。通説によれば，公務員という資格を有していないAには，65
条1項により，単純収賄罪の幇助犯が成立します〈総442頁〉。

6　適法行為者の利用

> 問題14-5：Xは，海外から大麻を輸入しようと企て，大麻を隠し入れ
> た貨物を日本の自宅宛に送ったところ，税関検査で大麻の隠匿が判明し
> た。配送業者Aは，コントロールド・デリバリー制度によって捜査機
> 関の監視の下，当該貨物をXの自宅に配達し，Xはこれを受け取った。

　背後者が直接行為者の正当防衛や正当行為を利用して犯罪結果を実
現した場合，直接行為者の行為には違法性が認められません。通説に
よれば，直接行為者に違法性まで認められなければ共犯は成立しない
ため〈総449頁以下〉，背後者が間接正犯として処罰されうると理解さ
れています。問題14-5において，コントロールド・デリバリーとは，
捜査機関が薬物や銃器などの禁制品を察知した場合，その場で押収せ
ず，監視の下で流通させて，その取引に関与する者を特定した上で検
挙する捜査手法です。大麻の隠匿が判明する前については，Xは事情
を知らない者を利用し，判明した後は，Aが捜査機関の監視の下でX
の自宅に配達しているため，Xは適法行為者を利用していることにな
ります。そこで，Xに関税法上の禁制品輸入罪（関税法109条1項）
が間接正犯として成立するか，2つの基準にあてはめてみましょう。
①Xは意図したとおり，Aの行為を自分の犯罪を実現するための道具
として利用したと評価できますので，Aを一方的に利用する関係を有
していたといえます。②Aは，捜査機関の意向に従って配達してい
るのであり，Xの意向に従っているわけではないため，XとAとの間
には，禁制品輸入の実現に向けた相互の意思連絡や共謀が見られませ

ん。したがって，X には禁制品輸入罪の間接正犯が成立することにな
ります。

（小島秀夫）

第15回　共同正犯

1　共同正犯とは

「一人より二人がいいさ，二人より三人がいい」というように，一人で何かをするよりも，二人以上でしたほうが，「それだけ強く，でかくなる」ため，人は何かをするとき，複数人で協力してこれを行うことが多く，それは，犯罪についても例外ではありません。60条は，「二人以上共同して犯罪を実行した者は，すべて正犯とする。」としており，これを共同正犯といいます。この規定があることによって，どのような効果が生じるのか，具体例を使って考えてみましょう。

> 問題 15-1：X と Y は，A を殺害することを共に計画し，二人で同時に A に対して拳銃を発射した。そのうち一方の弾丸だけが A に命中し，A は死亡したが，A に命中した弾丸は，X と Y のいずれが発射したものか分からなかった。

もし X と Y が互いに意思を通じることなく，たまたま二人で同時に A に対して拳銃を発射していたならば（同時犯），それぞれの発射行為と A の死亡結果との間の因果関係が明らかでない以上，その結果を X と Y のいずれにも帰属させることができず，X と Y にはそれぞれ殺人未遂罪（199条，203条）が成立することになります。

しかし，本問では，X と Y は，A を殺害しようと互いに意思を通じ，二人で同時に A に対して拳銃を発射し，現に A を殺害するという目的を達しているのですから，どちらの弾丸が命中しようと，結果的に，X と Y の計画どおりに犯罪が実現されたとみることができます。

　このように，二人以上の行為者に，主観的に**共同実行の意思**（共謀）があり，客観的に**共同実行の事実**がある場合には，共同正犯が成立し，「**一部実行全部責任**」という効果が導かれます〈総457頁〉。すなわち，共同実行の意思をもって，共同実行したのであれば，その実行行為の一部だけを行った者も，その犯罪の正犯として，生じた結果について，すべての責任を負わなければならないのです。

　したがって，XとYは，Aを殺害するという共同意思をもって，共同してAに対して拳銃を発射するという殺人罪の実行行為を行い，そのいずれかの実行行為から生じたAの死亡という結果について，殺人罪の共同正犯として，それを単独で行った場合と同じように，そのすべての責任を負うことになります。

　なお，これは，本問のように，XとYが同じことを一緒にした場合だけでなく，例えば，XがAを羽交い締めにし，YがAを殴打した，というように，それぞれが役割分担をした場合であっても同様です。

2　共謀共同正犯

> 　問題15-2：XとYは，Aを殺害することを共に計画し，Xのみが現場へと赴き，Aに対して拳銃を発射した。その弾丸がAに命中し，Aは死亡した。

　問題15-1のところでみたように，共同正犯は，二人以上の行為者に，主観的に共同実行の意思（共謀）があり，客観的に共同実行の事実がある場合に成立します。本問では，XとYに共同実行の意思はありますが，実行行為を行っているのはXだけで，Yはこれを行っていません。このような場合に，「一部実行」を行っていないYに，共同正犯として，「全部責任」を負わせることができるのでしょうか。

　従来，学説の多くは，60条の共同正犯の規定における「実行」を，

43条の未遂犯の規定における「実行」と同じ意味であるとして，実行行為を共同する場合のみを，すなわち，実行共同正犯のみを，共同正犯としていました。この考え方に従うならば，本問のＹは，Ａに対する殺人罪の共同正犯にはあたらず，せいぜい教唆犯（61条）ないしは幇助犯（62条）となるにすぎないことになります。

　しかし，判例は，共謀に参加した事実が認められれば，直接実行行為に関与しない者も共同正犯となる，**共謀共同正犯**を認めており〈総459頁以下〉，今日では，学説の多くもこれを認めています。共謀共同正犯の成立要件としては，「共同犯行の意思形成（共謀）」，「共謀者の**正犯性（正犯意思）**」，「**一部の者の実行**」が挙げられ〈総463頁〉，このうちの「共謀者の正犯性（正犯意思）」は，共謀者が**重要な役割**を果たしたか否かによって判断されています。この考え方に従うならば，本問のＹは，Ａに対する殺人罪の共謀共同正犯として，Ｙの実行行為から生じたＡの死亡という結果について，Ｘと共に，そのすべての責任を負うことになります。

3　共犯の錯誤

> 問題 15-3：ＸとＹは，Ａに対して拳銃を発射することを共に計画し，二人で同時にＡに対して拳銃を発射した。そのうちＸの発射した弾丸だけがＡに命中し，Ａは死亡した。なお，ＸはＡを殺害するつもりだったが，ＹはＡに傷害を負わせるつもりしかなかった。

　本問のＸとＹは，「Ａに対して拳銃を発射しよう」という点では互いに意思を通じています。しかし，Ｘは殺人罪の故意で拳銃を発射しているのに対して，Ｙは傷害罪（204条）の故意で拳銃を発射しています。このように，共に行為をしてはいるものの，実現しようとしている犯罪がそれぞれ異なる場合，共同正犯はどの範囲で成立しうるの

でしょうか〈総 445 頁〉。

　共同正犯とは実行行為の一部を共同するものであるとする（実行）**行為共同説**からは，Ｘ と Ｙ は殺人罪と傷害致死罪（205 条）の共同正犯とされます。

　これに対して，共同正犯とは特定の犯罪を共同するものであるとする（完全）**犯罪共同説**からは，Ｘ と Ｙ は殺人罪の共同正犯とされ，Ｙ は「重い罪に当たるべき行為をしたのに，行為の時にその重い罪に当たることとなる事実を知らなかった者は，その重い罪によって処断することはできない。」とする 38 条 2 項によって，傷害致死罪の刑で処断されます。

　さらに，共同正犯は構成要件が重なり合う限度で成立するとする**部分的犯罪共同説**からは，①Ｘ と Ｙ は傷害罪の限度で共同正犯とされたうえで，Ｘ は殺人罪の単独犯，Ｙ は傷害致死罪の単独正犯となるとされるか，②Ｘ と Ｙ は傷害致死罪の限度で共同正犯とされたうえで，Ｘ は殺人罪の単独犯となるとされます。

　なお，判例は，部分的犯罪共同説の②説と親和的であるとみられています〈総 446 頁参照〉。

4　承継的共同正犯

> 問題 15-4：Ｘ は，Ａ から現金を奪い取ろうとして，Ａ に暴行を加えて，Ａ の反抗を抑圧した。そこに途中から Ｙ が加わって，Ｘ と Ｙ は互いに意思を通じて，既に反抗を抑圧された状態の Ａ から現金を奪い取った。

　先行者が犯罪の実行に着手し，その実行行為が終了する前，あるいは犯罪が既遂となる前，あるいは犯罪が終了する前に，後行者が先行者と意思を通じて実行行為を分担した場合に，後行者はどの範囲で先行者の行為・結果を承継するか，というのが**承継的共同正犯**の問題で

す〈総 473 頁〉。本問では，先行者 X が A に対して強盗罪（236 条 1 項）の実行の着手にあたる暴行を行い，A の反抗を抑圧した後に，後行者 Y が加わって，X と意思を通じて，共に A から財物を奪い取っています。強盗罪は，暴行または脅迫を用いて相手方の反抗を抑圧した上で財産を奪うことによって成立する犯罪なので〈各 266 頁以下〉，相手方が既に反抗を抑圧された状態になった後の段階から関与した Y が，自分が加わる前に行われた X による暴行を承継して，強盗罪の共同正犯となりうるかが，ここでは問題となります。

　これについては，①先行者がすでにした行為も含めてその全体について共犯が成立するとする**積極説**（全面肯定説），②加わってから後の行為についてのみ共犯が成立するとする**消極説**（全面否定説），③先行者の行為の効果を積極的に利用した場合にその限度で共犯が成立するとする**中間説**（限定肯定説）があります〈総 473 頁〉。

　①積極説は，共犯というのは，罪名も含め，「犯罪」を共にするものであるという考え方（**犯罪共同説**〈総 444 頁以下参照〉）に基づくものです。この見解からは，Y は，途中から関与しても，自分が関与する前に行われた行為もすべて承継することになりますので，強盗罪の共同正犯となります。

　②消極説は，共犯は自己の行為と因果関係を有する結果についてのみ責任を負うとする考え方（**因果共犯論**〈総 455 頁以下参照〉）に基づくものです。この見解からは，Y が関与する前に行われた X の暴行によって A が反抗を抑圧されたことについては，Y の行為とは因果関係がない以上，現金を奪い取る行為にのみ関与した Y は，強盗罪の共同正犯とはならず，せいぜい窃盗罪の限度で共同正犯となることになります。

　③中間説は，消極説と同様，因果共犯論に基づくものですが，この見解からは，先行者の行為が後行者の関与後も効果を持ち続けている

場合にはこれを承継するとされています。本問では，Ｘの暴行によってＡの反抗が抑圧されたことが，Ｙの関与後も効果を持ち続けており，それがあったからこそ，ＹはＸと共にＡから現金を奪い取ることができたわけですから，Ｙは強盗罪の共同正犯となることになります。

　なお，判例の立場は必ずしも明らかではありませんが，少なくとも①は否定されているものの，③を採用していると評価する余地もあるのではないかと学説からはみられています〈総478頁参照〉。

5　共犯と身分

> 問題 15-5：Ｘは，友人Ａから頼まれて預かっていたお金を，別の友人Ｙと互いに意思を通じて，飲み食いのために勝手に使ってしまった。

　本問において成否が問題となる横領罪（252条）は，「自己の占有する他人の物を横領した者」に成立する犯罪です。それゆえ，同罪は「他人の物の占有者」という身分のある者にしか成立しません（**身分犯**）。このような，一定の身分のある者にしかそもそも成立しない犯罪のことを，**構成的身分犯**とか**真正身分犯**といいます。

　本問において，Ｘは「他人の物の占有者」という身分を有していますが，Ｙはその身分を有していません。そのため，身分のないＹも同罪の共同正犯となりうるかが問題となります。

　このような場合について，65条1項は，「犯人の身分によって構成すべき犯罪行為に加功したときは，身分のない者であっても，共犯とする。」と規定しています。それゆえ，本問においては，「他人の物の占有者」という身分のあるＸはもちろん，横領という「犯人の身分によって構成すべき犯罪行為」に加功しているＹも，共に横領罪の共同正犯となります。

問題 15-6：Ｘは，業務として管理していた会社のお金を，友人Ｙと互いに意思を通じて，飲み食いのために勝手に使ってしまった。

　本問も基本的には問題 15-5 と同様の問題ですが，本問において成否が問題となるのは業務上横領罪（253 条）です。同罪は，「業務上」他人の物を占有する者が，他人の物を横領した場合に，その者を通常の横領罪よりも重く処罰するものです。このように，一定の身分があることによって刑が加重減軽される犯罪のことを，**加減的身分犯**とか**不真正身分犯**といいます。

　本問において，Ｘは「業務上」他人の物を占有する者ですが，Ｙはそのような身分を有していません。そのため，そのような身分のないＹにも業務上横領罪の共同正犯が成立しうるかが問題となります。

　このような場合については，65 条 1 項の規定する身分の連帯性によって，共同正犯が成立することがまず認められた上で，65 条 2 項が，「身分によって特に刑の軽重があるときは，身分のない者には通常の刑を科する。」と規定していることから，身分の個別性が認められることになります。それゆえ，本問では，「業務上」他人の物を占有するＸは，業務上横領罪の共同正犯となりますが，そのような身分のないＹは，通常の刑が科せられる（単純）横領罪（252 条）の限度で共同正犯となると解されます〈総 502 頁以下参照〉。

（岡部雅人）

各　　論

第 16 回　自殺関与罪・同意殺人罪

1　202 条の全体像

　ここから，刑法各論の学習に入ります。刑法各論では，刑法のうち，「第二編　罪」(77 条以下) のそれぞれの条文を検討します。77 条から順番に学習したいところですが，77 条は「国の統治機構を破壊」する罪で，国家的法益に対する罪というものに分類されます。そこから少しうしろ，106 条は騒乱罪ですが，これは現場の地域住民に対する犯罪で，社会的法益に対する罪というものに分類されます。実際に重要なのはもっと後の，個人的法益に対する罪ですので，そこから学習するのが普通です。そして個人の法益の中でもっとも重要なものは生命ですので，生命に対する罪から学習していくことになります。

　さて，生命に対する罪といえば，殺人罪 (199 条) です。ただ，殺人罪の条文は非常にシンプルですし，200 条は現在は存在しません。また，201 条の殺人予備罪も実際に適用されることはほとんどないので，ここでは 202 条を学習しましょう。

　さて，まずは 202 条のカッコの部分を見てください (見出しといいます)。「(自殺関与及び同意殺人)」と書いてありますね。202 条は，「自殺関与」と「同意殺人」という 2 つの類型をまとめて定めているわけです。実際に条文も，「又は」で区切っていますよね。「又は」の前が**自殺関与罪**で，その後が**同意殺人罪**です。

　次に，条文そのものを読んでみましょう。「若しくは」が 2 回出てくることに気付いたでしょうか。つまり，自殺関与罪は，「若しくは」の前と後の 2 つの類型があり，同意殺人罪もやはり，「若しくは」の

前と後の 2 つの類型があるのです。自殺関与罪で先に書かれているものは**自殺教唆罪**，後に書かれているものは**自殺幇助罪**，同意殺人罪で先に書かれているものは**嘱託殺人罪**，後に書かれているものは**承諾殺人罪**と呼ぶわけです。表にして整理しましょう。

202 条	自殺関与罪	自殺教唆罪
		自殺幇助罪
	同意殺人罪	嘱託殺人罪
		承諾殺人罪

　たしかに，四つのうちのどの類型だとしても 6 月以上 7 年以下の懲役又は禁錮（ろくげつ）という法定刑は同じです。しかし，具体的な事案がどの類型にあたるのかまではっきりさせないと，法の適用としては―― 単位を得るための法学部の学生の理解としては ―― 不十分です。

　まず，大きな分類の，自殺関与罪と同意殺人罪の違いから考えていきましょう。自殺関与罪は，「自殺」に「関与」することです。他方，同意殺人罪は，「同意」ある人に対する「殺人」です。同意殺人罪は，あくまでも殺人行為を行為者が行っているのです。他方，自殺関与罪はあくまでも「自殺」への関与であって，行為者は「殺人」行為を行っていないという点に違いがあります。要は，202 条の行為のうち，殺人行為を自ら行っているのが同意殺人罪，そうではなくて他人の自殺に関わったにすぎないのが自殺関与罪ということです。そして，この 2 つの類型がさらに細かく 2 つに分かれているという構造です。すなわち，自殺関与罪は唆す（そそのか）という形（教唆）なのか助けるという形（幇助）なのかで分かれており，同意殺人罪は，殺される者から頼まれた（嘱託を受けた）のか，承諾があっただけなのかで分かれているという具合です。教唆と幇助という概念は，実は総則で使われています(61, 62 条)。要は，自殺の意思を惹き起こすのが教唆，自殺を援助・促進

するのが幇助と理解してください。では，以下でそれぞれの類型を具体的に考えていきましょう。

2　自殺教唆罪

自殺教唆罪の成立要件を分解すると以下のようになります。

主体：人（制限はない）
客体：死の意味内容を理解できる者
実行行為：自殺を教唆して自殺意思を惹起させる
結果：客体の死亡
因果関係：総論と同様
故意：上記犯罪事実の認識・認容

客体についてだけ，補足説明をします。例えばビルの屋上に立っている幼児に対して，そこから飛び降りるように仕向けたところ幼児が頷いてビルから飛び降りて死亡してしまった場合に，それを自殺教唆罪として殺人罪より軽くするのは法の趣旨に反しますから，死の意味内容を理解できる者に限定しているわけです。

自殺教唆罪は，例えば以下のような場合に成立します。

> 問題 16-1：Xは，会社の部下Aに対して本当に自殺する可能性も理解した上で，「そんなに仕事ができないなら，自殺すべきだよ」といったメールを何度も送りつけたところ，それを真に受けたAは実際に自殺してしまった。

この事例における，先ほどの要件と事例の事実との対応関係は以下のとおりです。

主体：X
客体：A
実行行為：「自殺すべきだ」といったメールを何度も送り付ける
結果：Aの死亡

因果関係：AがXのメールを真に受けて自殺した
故意：Aが自殺する可能性を認識・認容していた

特に刑法各論の学習では，このように，条文の要件と事例の事実の対応（あてはめ）に注意するようにしましょう。

3　自殺幇助罪

次に，自殺幇助罪の成立要件を分解します。

主体：人（制限はない）
客体：死の意味内容を理解できる者
実行行為：自殺を幇助（促進）させる
結果：客体の死亡
因果関係：総論と同様
故意：上記犯罪事実の認識・認容

例えば以下のような場合に同罪が成立します。

問題 16-2：Xは，知人Aが入水自殺を考えていると聞いて，川原まで同行の上，Aの身体にロープを巻き付ける作業を手伝ったところ，Aは川に飛び込んで身動きが取れないまま溺死してしまった。

この事例における，先ほどの要件と事例の事実との対応関係は以下のとおりです。

主体：X
客体：A
実行行為：Aの身体にロープを巻き付ける
結果：Aの死亡
因果関係：ロープを巻き付けることによって身動きが取れないままAが
　　　　　溺死した
故意：ロープを巻き付けることによってAの自殺が容易になり，Aが死
　　　亡することを認識・認容していた

ここまでが，自殺関与罪です。いずれの類型も，自殺という「殺す」

行為は被害者みずからが行っているところが同意殺人罪との違いです。

4　嘱託殺人罪

では，嘱託殺人罪も見てみましょう。同罪の成立要件を分解すると以下のようになります。

主体：人（制限はない）
客体：死の意味内容を理解できる者
実行行為：嘱託を受けて殺害すること
結果：客体の死亡
因果関係：総論と同様
故意：上記犯罪事実の認識・認容

例えば以下のような場合に同罪が成立します。

> 問題 16-3：Xは，身体が不自由な妻Aから常々「殺してほしい」と頼まれており，その日も同じように頼まれたため，ネクタイでAの首を絞めて殺害した。

この事例における，先ほどの要件と事例の事実との対応関係は以下のとおりです。

主体：X
客体：A
実行行為：「殺してほしい」と頼んできたAの首をネクタイで絞める
結果：Aの死亡
因果関係：Xの行為によってAが死亡した
故意：自分に殺害を依頼しているAを殺害することを認識・認容していた

特に問題 16-3 のような場合を本当に処罰してよいのかという疑問は，人情的にはあるかもしれません。これは安楽死・尊厳死と呼ばれる問題とも関連しますが〈総 340 頁以下〉，かなり難しい問題ですので，ひとまずは殺される者の同意があっても処罰されるということを覚えておいてください。

5　承諾殺人罪

最後に，承諾殺人罪の要件を分解しましょう。

主体：人（制限はない）
客体：死の意味内容を理解できる者
実行行為：承諾を得て殺害すること
結果：客体の死亡
因果関係：総論と同様
故意：上記犯罪事実の認識・認容

例えば以下のような場合に同罪が成立します。

問題 16-4：Xは，身体が不自由な妻Aの介護に疲れ切ってしまい，A
に「先に天国で待っていてくれないか」と尋ねたところ，Aが頷いた
ので，ネクタイでAの首を絞めて殺害した。

この事例における，先ほどの要件と事例の事実との対応関係は以下
のとおりです。

主体：X
客体：A
実行行為：殺人を承諾したAの首をネクタイで絞めて殺害する
結果：Aの死亡
因果関係：Xの行為によってAが死亡した
故意：殺害を承諾しているAを殺害することを認識・認容していた

202 条という類型は，それぞれの類型の区別がついていれば，それ
ほど難しいものではありません。ただし，**偽装心中**の場合に殺人罪と
なるかどうかという難問があり〈各 20 頁以下〉，これは本書で基本を
マスターしてから取り組んでください。

6　202 条の未遂

ところで，203 条にあるように，202 条は未遂も処罰されます。な
お，203 条にある「前条」とは，ひとつ前，すなわち 202 条のことで

す。これはどのような場合を指すか，具体的に考えてみましょう。

> **問題 16-5**：Xは，身体が不自由な妻Aから常々「殺してほしい」と頼まれており，その日も同じように頼まれたためネクタイでAの首を絞めあげていたところに息子Bが訪れて制止され，Aは一命を取り留めた。

　Xは，嘱託殺人の実行行為を行ったものの，Aの死亡という結果が発生していないので嘱託殺人未遂罪にとどまります。202条の未遂は，このように殺人（または自殺）行為が実際に始まったが，結果が発生しなかった場合に成立します。逆にいえば，例えば自殺教唆行為を行ったが，自殺行為が始まらなかった場合は自殺教唆未遂罪にはなりません。これは，総論における教唆犯・幇助犯の未遂時期と同じです〈総448頁，各18頁以下〉。

（山本紘之）

第 17 回　遺棄罪

1　遺棄罪とは

今回は，遺棄罪（217条），保護責任者遺棄罪（218条），同致死傷罪（219条）が，どのような場合に成立するのか検討しましょう。それぞれの構成要件は，次のとおりです。

▌**（単純）遺棄罪（217条）／同致死傷罪（219条）の構成要件**
主体：人（限定なし）
客体：老年，幼年，身体障害または疾病のために扶助を必要とする者
実行行為：遺棄（移置）
因果関係：よって（＊第1回の説明を参照）
結果：生命の危険（217条）／死傷結果（219条）
故意：客体が要扶助者であることの認識，
　　　遺棄の認識・認容
　　　（＊生命侵害の認識・認容があり，その結果が生じている場合には，殺人罪（199条）となりうる）

▌**保護責任者遺棄罪（218条）／同致死傷罪（219条）の構成要件**
主体：保護責任者
客体：（扶助を必要とする）老年者，幼年者，身体障害者または病者
実行行為：遺棄（移置，置き去り）・不保護
因果関係：よって（＊第1回の説明を参照）
結果：生命の危険（218条）／死傷結果（219条）
故意：主体（遺棄・不保護行為者自身）が保護責任者であることの認識，
　　　客体が要扶助者であることの認識，
　　　遺棄・不保護の認識・認容
　　　（＊生命侵害の認識・認容があり，その結果が生じている場合には，殺人罪（199条）となりうる）

2　遺棄罪の客体

> 問題 17-1：Xは，交際相手のAを助手席に乗せて神戸でドライブをしていたが，途中で二人は口論となり，カッとなったXは，六甲山へと向かい，そこで無理やりAを車から降ろし，その場を走り去った。Aは，バスに乗って下山して，ひとりで帰宅した。

　本問をみて，Xは，Aを山へと連れて行き，そこで無理やり車から降ろしているのだから，遺棄罪か保護責任者遺棄罪にあたるのではないか，と，直感的に思った方もいるかもしれませんね。Xの行為が，これらの構成要件に該当するかどうか，確認してみましょう。

客体：A≠（扶助を必要とする）老年者，幼年者，身体障害者または病者
実行行為：XによるAの遺棄（移置）
結果：Aの生命の危険なし

　Aは，扶助を必要とする老年者，幼年者，身体障害者，病者のいずれでもないので，217条・218条の罪の客体である**要扶助者**にあたりません。Aが要扶助者でない以上，Xが218条の**保護責任者**にあたることもありません。Xは，Aを遺棄していますが，それによってAの生命の危険が発生したわけでもありません。よって，Xの行為は，217条・218条のいずれの構成要件にも該当せず，Xにはこれらの罪は成立しないことになります。

3　保護責任者による老年者の遺棄

> 問題 17-2：Xは，年老いて寝たきりの母親Aを，長いこと一人で介護してきた。しかし，Xは，いいかげんそのことに疲れてしまったため，Aを車に乗せ，人気のない山中へと連れて行き，そこでAを下ろし，その場を走り去った。

Aは，扶助を必要とする**老年者**であり，Xは，その保護責任者であるといえそうですから，本問では，Xに対する保護責任者遺棄罪（218条）の成否が問題となります。Xの行為が，この構成要件に該当するかどうか，確認してみましょう。

> 客体：A＝扶助を必要とする老年者
> 主体：X＝Aの保護責任者
> 実行行為：XによるAの遺棄（移置）
> 因果関係：よって（＊第1回の説明を参照）
> 結果：Aの生命に対する危険
> 故意：X自身が保護責任者であることの認識，
> 　　　Aが要扶助者であることの認識，
> 　　　Aを遺棄（移置）することの認識

Aは，年老いて寝たきりなので，扶助を必要とする老年者だといえますから，本罪の客体にあたります。また，Xは，そのようなAを介護している保護責任者だといえますから，本罪の主体にあたります。

本罪の実行行為は，**遺棄**または**不保護**です〈各33頁〉。遺棄には，安全な場所から危険な場所に移転させる**移置**と，危険な場所に遺留して立ち去る**置き去り**とがあり，移置は作為による**遺棄**，置き去りは不作為による**遺棄**といえます。また，不保護とは，場所的離隔によらずに要扶助者を保護しないことをいいます。

Xは，Aを人気のない山中という危険な場所に連れて行き，そこにAを置いてきているので，本罪の実行行為である遺棄（移置）を行ったものといえます。

本罪の保護法益は，**生命の安全**であり〈各30頁〉，本罪は，**危険犯**と解されています〈各31頁〉。本問において，Aの生命は危険にさらされたといえますから，結果も認められます。

このAの生命に対する危険という結果は，Xの実行行為がなければ起きることがなく，かつ，それによって惹き起こされたものといえま

すから，因果関係も認められます。

　また，Ｘは，自分がＡを保護すべき立場にあること，Ａが扶助の必要な者であること，そのようなＡを遺棄（移置）すること，そのいずれも認識していたといえますから，故意も認められます。

　よって，Ｘには本罪の構成要件該当性が認められ，保護責任者遺棄罪（218条）が成立します。

4　保護責任者による幼年者の遺棄

> 問題 17-3：Ｘは，7歳の息子Ａを連れて森にハイキングに行ったところ，途中でＡが，「もう歩きたくない！」と言って，その場にしゃがみ込んで動かなくなったので，そのことに腹を立て，Ａを置き去りにして，その場を立ち去った。

　Ａは，扶助を必要とする**幼年者**であり，Ｘは，その保護責任者だといえそうですから，本問でも，Ｘに対する保護責任者遺棄罪（218条）の成否が問題となります。Ｘの行為が，この構成要件に該当するかどうか，確認してみましょう。

客体：Ａ＝扶助を必要とする幼年者
主体：Ｘ＝Ａの保護責任者
実行行為：ＸによるＡの遺棄（置き去り）
因果関係：よって（＊第1回の説明を参照）
結果：Ａの生命に対する危険
故意：Ｘ自身が保護責任者であることの認識，
　　　Ａが要扶助者であることの認識，
　　　Ａを遺棄（置き去り）することの認識

　Ａは，本罪の客体である要扶助者にあたるでしょうか。判例は，「扶助を必要とする」とは，自ら日常生活を営む動作をすることが不可能または著しく困難なことをいうとしています〈各32頁〉。7歳の子供

123

は，そのような者にあたるというべきですから，Aは，本罪の客体にあたります。また，Xは，そのようなAの親であり，保護者の立場にあるので，保護責任者だということができ，本罪の主体にあたります。

本罪の実行行為は，遺棄または不保護であり，Xは，Aを森に置き去りにして立ち去っているので，本罪の実行行為である遺棄（置き去り）を行ったものといえます。

そして，XがAを森に置き去りにすれば，幼いAの生命は危険にさらされるので，Xが怒りに任せてAをその場に置いて帰れば，Aの生命に対する危険という結果が認められます（なお，その際，もしXが実際には離れたところからAをきちんと見守っているなどしていたのであれば，Aの生命に危険は及びませんので，本罪は成立しません）。

このように，Aの生命に対する危険という結果が発生しており，それは，Xの実行行為がなければ起きることがなく，かつ，それによって惹き起こされたものといえますから，因果関係も認められます。

そして，Xは，自分がAを保護すべき立場にあること，Aが扶助の必要な者であること，そのようなAを遺棄（置き去り）すること，そのいずれも認識していたといえますから，故意も認められます。

よって，Xには本罪の構成要件該当性が認められ，保護責任者遺棄罪（218条）が成立します。

5　保護責任者による病者の不保護

問題17-4：Xは，再婚相手Aの出張中，Aからその連れ子Bの世話を頼まれていた。その期間中にBが高熱を出したが，XはBを病院に連れて行くことも看病することもせず，ただ放置していた。出張から戻ったAが，衰弱しきったBをみて，慌ててBを病院に連れて行って治療を受けさせたため，Bは一命を取り留めた。

　Bは, 扶助を必要とする**病者**であり, Xは, その保護責任者だといえそうです。それゆえ, 本問でも, Xに対する保護責任者遺棄罪 (218条) の成否が問題となります。Xの行為が, この構成要件に該当するかどうか, 確認してみましょう。

> 客体：B＝扶助を必要とする病者
> 主体：X＝Bの保護責任者
> 実行行為：XによるBの不保護
> 因果関係：よって（＊第1回の説明を参照）
> 結果：Bの生命に対する危険
> 故意：X自身が保護責任者であることの認識,
> 　　　Bが要扶助者であることの認識,
> 　　　Bに対する不保護の認識

　Bは, 高熱を出しているので, 扶助を必要とする**病者**であり, 本罪の客体にあたります。また, Xは, そのようなBの保護者の立場にあるので, 保護責任者だということができ, 本罪の主体にあたります。

　本罪の実行行為は, 遺棄または不保護であり, Xは, Bを病院に連れて行くことも看病することもせず, ただ放置していたのですから, 本罪の実行行為である不保護を行ったものといえます。

　Bは衰弱しきっており, 生命の危険にさらされていたので, 結果も認められます。

　そして, Bの生命に対する危険という結果は, Xの実行行為がなければ起きることがなく, かつ, それによって惹き起こされたものといえますから, 因果関係も認められます。

　また, Xは, 自分がBを保護すべき立場にあること, Bが扶助の必要な者であること, そのようなBを保護しないこと（不保護）, そのいずれも認識していたといえますから, 故意も認められます。

　よって, Xには本罪の構成要件該当性が認められ, 保護責任者遺棄罪 (218条) が成立します。

6　保護責任者による幼年者の遺棄致死

> 問題17–5：Xは，生後11か月のAを，少しの間くらいならば大丈夫
> だろうと思い，炎天下の車内に放置したまま，パチンコ店に入ってパチ
> ンコを打っていたところ，大当たりが出たため，思わず熱中し，長時間
> にわたって打ってしまった。そのため，Aは，熱中症で死亡した。

　Aは，扶助を必要とする幼年者であり，Xは，その保護責任者だと
いえそうです。そして，そのようなXが，Aを放置して死亡させてい
ますので，本問では，Xに対する**保護責任者遺棄致死罪**（218条，219
条）の成否が問題となります。Xの行為が，この構成要件に該当する
かどうか，確認してみましょう。

客体：A＝扶助を必要とする幼年者
主体：X＝Aの保護責任者
実行行為：XによるAの遺棄（置き去り）
因果関係：よって（＊第1回の説明を参照）
結果：Aの死
故意：X自身が保護責任者であることの認識，
　　　Aが要扶助者であることの認識，
　　　Aを遺棄（置き去り）することの認識
　　　（≠Aに対する殺意）

　Aは，生後11か月なので，扶助を必要とする幼年者であり，本罪
の客体にあたります。また，Xは，Aの親なので，その保護責任者だ
ということができ，本罪の主体にあたります。

　そのようなXが，要扶助者であるAを，炎天下の車内という生命
に危険の及ぶ場所に放置していたのですから，本罪の実行行為である
遺棄（置き去り）を行ったものといえます。

　そして，Aの死という結果が発生しており，それは，Xの実行行為
がなければ起きることがなく，かつ，それによって惹き起こされたも

のといえますから，因果関係も認められます。

　また，Ｘは，自分がＡを保護すべき立場にあること，Ａが扶助の必要な者であること，そのようなＡを炎天下の車内に遺棄（置き去り）することの，いずれも認識していたといえますから，故意も認められます。

　なお，（保護責任者）遺棄罪の保護法益は，生命の安全であることから（前述 3 参照），その危険を認識していたのであれば，殺人罪の未必の故意を認める余地も出てくるため，そのような場合に，保護責任者遺棄致死罪が成立するのか，それとも，不作為による殺人罪が成立するのかが問題となります。判例は，殺人罪の故意をもって遺棄したことが認められる場合には，殺人罪の成立を認めて，保護責任者遺棄致死罪は殺人罪に吸収されて成立しないという傾向にあります〈各 40 頁〉。本問の場合，ＸにはＡに対する殺意があったとまでは評価できないでしょうから，殺人罪ではなく，保護責任者遺棄致死罪が成立するというべきでしょう。

　ちなみに，219 条は，（保護責任者）遺棄致死傷罪を，「**傷害の罪と比較して，重い刑により処断する**」と規定していますが，これは，法定刑の上限も下限も重いほうにするという意味で，たとえば，保護責任者遺棄罪から傷害の結果が発生した場合には，傷害罪（204 条）の法定刑と比較され，上限は傷害罪の 15 年，下限は保護責任者遺棄罪の 3 月の懲役となり，致死の結果が発生した場合には，傷害致死罪（205 条）の法定刑と比較され，3 年以上の懲役となります。

（岡部雅人）

第 18 回　暴行罪・傷害罪

1　暴行罪の成立要件

　204 条以下で定められている傷害の罪の保護法益は「人の身体」です。傷害罪（204 条）の典型例は，暴行罪における「暴行」を手段として傷害が生じる場合ですので，まずは，暴行罪（208 条）の構成要件要素を押さえておきましょう。

┃暴行罪の構成要件要素
┃主体：限定なし
┃客体：他人の身体
┃実行行為：暴行
┃故意：暴行を加えている

　暴行罪における「暴行」とは，人の身体に向けられた不法な有形力（物理力）の行使をいいます。例えば，殴る・蹴るといった行為の他，音声・風力・水力・光・熱・電気などのエネルギー作用による行為も「暴行」に該当するとされています。

> 問題 18-1：X は，暗い夜道で A を驚かそうと，至近距離から A を狙って投石したが，石は A の頭上すれすれに飛んでいき，A に石は当たらなかった。

　判例によれば，行為者が行使する有形力は，被害者の身体に接触しなくてもよいとされています（**接触不要説**）。問題 18-1 では，X の投げた石が A に当たっていません。このような場合でも，X が A を狙って投石したのであれば，不法な有形力が人の身体に向けられているた

め，Xの行為は，暴行罪の構成要件に該当します。

　こうした考え方を貫くと，脅かすつもりで被害者の身体に触れないよう刃物を向けた場合でも暴行罪が成立しうることになり，安全感や意思決定の自由を保護法益とする脅迫罪（222条）と区別できなくなるとの懸念が向けられています。そこで，有形力が被害者の身体に接触する場合のみ「暴行」に該当するとの見解も主張されています（**接触必要説**）。しかし，この立場によると，問題18-1では，Aに石が当たっていないため，投石行為は「暴行」として認められず，Xは不可罰となってしまうでしょう。

> **問題 18-2**：Xは，満員電車の中でAと口論になり，電車が駅に到着した後，Aと共に電車を降りてホーム上でなお言い争ったが，先を急ぐAが口論を止めて電車に乗ろうとしたため，怒りに任せてAの衣服を引っ張り，Aが電車に乗り込むのを妨害した。

　また，判例は，傷害の危険性がない行為についても，暴行罪の成立を認めています（**危険不要説**）。問題18-2では，XがAの衣服を引っ張る行為をしています。その行為自体には傷害が発生する危険は認められませんが，不法な有形力が人の身体に向けられている以上，Xの行為は，暴行罪の構成要件に該当します。

　一方，208条で「暴行を加えた者が人を傷害するに至らなかったときは」と定められていることから，暴行罪は傷害未遂を処罰する趣旨であるとして，「暴行」には傷害を生じさせるだけの危険性が必要であるとの考え方も主張されています（**危険必要説**）。しかし，このように考えると，問題18-2におけるXの行為だけではなく，水やビールを浴びせかける行為なども，およそ傷害の危険を有しないとして暴行に該当しないことになり，暴行罪の処罰範囲が過度に限定されてしまうでしょう。

2　4種類の「暴行」

　刑法典には暴行罪以外にも手段としての「暴行」を成立要件とする犯罪があり，その内容に応じて「暴行」を4種類に分けることができます。第1に，最も広い意味の暴行として，有形力（物理力）が「人もしくは物」に向けられていれば暴行にあたるとされるものがあります（例えば騒乱罪〔106条〕など）。第2に，広い意味の暴行として，有形力が「人」に向けられていれば足り，物に対する有形力でも人に物理的影響を与えうるもの（間接暴行）であれば暴行にあたるとされるものがあります（例えば公務執行妨害罪〔95条〕など）。第3に，狭い意味の暴行として，有形力が「人の身体」に向けられていることを必要とするものがあり，暴行罪はこの意味で用いられています。第4に，最も狭い意味における暴行として，被害者の反抗を抑圧し，または著しく困難にする程度に不法な有形力の行使を要するものがあります（例えば強盗罪〔236条〕など）。

3　傷害罪とは

　傷害罪の典型例は暴行を手段とするものですが，暴行以外の無形的な手段（言語や不作為など）を用いる場合にも成立します。例えば，脅したり錯誤に陥らせたりするなどして健康状態を悪化させる場合や，食事を与えずに衰弱させるような場合です。傷害罪の構成要件要素は，次のとおりです。

傷害罪の構成要件要素
主体：限定なし
客体：他人の身体
実行行為：傷害
故意：傷害を加えている，または暴行を加えている

> 問題 18-3：Ｘは，別れ話のもつれからカッとなり，彼女Ａの同意を得ることなく，Ａの髪の毛を根元からバリカンで刈った。

「傷害」とは，身体の外貌（がいぼう）に重要な変化をもたらす程度に身体の完全性を損ねる行為であるとの見解（完全性侵害説）が主張されています。この見解によれば，問題 18-3 において，女性の髪の毛を根元から刈るＸの行為は，身体の外貌に重要な変化をもたらす程度に身体の完全性を損ねる行為ですので，傷害罪の構成要件に該当します。

　これに対して，判例や通説は，人の生理的機能に障害を与えることが「傷害」であると解しています（生理的機能障害説）。人の生活機能を損ねたり，健康状態を悪化させたりすることが「傷害」です。外傷（怪我）の他，めまいや吐き気，胸部の疼痛（とうつう），急性薬物中毒の症状なども「傷害」にあたるとされています。問題 18-3 では，Ｘの行為は，Ａの生理的機能に障害を与えているとはいえないため，傷害罪の構成要件には該当しません。不法な有形力がＡの身体に向けられていますので，暴行罪における「暴行」として認められるでしょう。Ｘの行為については，暴行罪として評価すれば足りるように思われます。

> 問題 18-4：ＸはＡに暴行を加えた。その際，Ａに怪我をさせると後で厄介なことになるため，怪我をさせないように１発だけ殴ったが，Ａは，よろけて転倒した際に手首を骨折した。

　傷害の結果が生じることを行為者が認識していた場合，傷害罪の故意が認められることに争いはありません。特に，暴行以外の手段によって健康状態を悪化させる場合は，傷害の結果が生じることを行為者が認識していなければ，傷害罪の故意は認められません。

　もっとも，判例や通説によれば，暴行の故意で傷害の結果を生じさせた場合にも，傷害罪の成立を認めています。問題 18-4 におけるＸ

は，怪我をさせないように殴っていることから，暴行の故意しかありませんが，このような場合でも，Aに骨折を負わせたXには傷害罪が成立することになります。

　確かに，204条を見ると，「暴行を加え，よって人を傷害するに至ったときは」と定められていないことから，傷害罪には暴行罪の結果的加重犯は含まれず，どんな場合でも傷害の故意が必要であるとする見解も主張されています。しかし，そのように解すると，暴行の故意で傷害に至ったときには原則として過失傷害罪（209条）が成立するにとどまり，暴行罪よりも軽く評価されることになってしまいます。こうした不均衡を避けるため，判例や通説は，傷害罪に暴行罪の結果的加重犯も含まれるとして上記のように解しているのです。なお，暴行罪の結果的加重犯を傷害罪で処罰する際，学説では，責任主義の観点から，一般的に傷害結果が生じることについて過失（予見可能性）が必要であると考えられていますが，判例上は要求されていない点に注意しましょう。

4　傷害致死罪

　傷害致死罪（205条）は，傷害罪の結果的加重犯です。死の結果について，学説では過失（予見可能性）が必要であるとの見解が支配的ですが，判例は不要であると解しています。したがって判例の立場によれば，傷害と死亡との間に因果関係が存在していれば傷害致死罪が成立することになります。傷害致死罪の構成要件要素は，次のとおりです。

| 傷害致死罪の構成要件要素
主体：限定なし
客体：他人の身体
実行行為：傷害

結果：他人の死亡
因果関係：他人の身体を傷害し，よって他人を死亡させる
故意：傷害を加えている，または暴行を加えている

問題 18-5：XはAに暴行を加えた。その際，Aに怪我をさせると後で厄介なことになるため，怪我をさせないように背後から突き飛ばしたにとどめたが，Aは，よろけて転倒した際に頭を強く打ち，間もなく死亡した。

　判例や通説によれば，傷害罪には暴行罪の結果的加重犯が含まれると解されていますので，傷害致死罪は，暴行罪の二重の意味での結果的加重犯でもあります。問題 18-5 では，Xが怪我をさせる認識なくAを突き飛ばしています。Xの行為は，他人の身体に向けられた不法な有形力の行使であり，暴行罪における「暴行」と認められますので，①暴行の結果的加重犯としてAを傷害し，よって②傷害の結果的加重犯としてAを死亡させているため，傷害致死罪の構成要件に該当することになります。

5　同時傷害の特例

　傷害罪が問題となる事案では，複数人で暴行を加える場合も多く見られます。その際，傷害の原因が誰の暴行によるものか明らかにすることは容易ではありません。特に行為者の間に意思連絡が存在しない（またはその存在を証明できない）場合，一般的に共同正犯（60 条）は成立せず，単独犯として扱われます。したがって，傷害との間に因果関係を有する暴行が特定されなければ，「疑わしきは被告人の利益に」の原則から，どの行為者にも傷害罪は成立せず，暴行罪にとどまることになるでしょう。しかし，被害者が現に傷害を負っているのに傷害の責任を問われる者が誰もいないとする結論は，不当だと思いません

か。こうした不当な結論を回避するために定められているのが、**同時傷害の特例**（207条）です。

　同時傷害の特例によれば、2人以上で暴行を加えて人を傷害した場合において、それぞれの暴行による傷害の軽重を知ることができず、またはその傷害を生じさせた者を知ることができないときは、共同して実行した者でなくても、共犯（共同正犯）として扱われます。その趣旨について、判例や通説は、暴行と傷害との間の因果関係の存在を推定するものであると解しています。したがって、被告人は自己の暴行と傷害結果との間に因果関係が存在しないことを証明しない限り、傷害罪の責任を負うことになります。

　同時傷害の特例が適用されるためには、次の4つの要件が揃っていなければなりません。

①2人以上で意思連絡なく暴行を加えていること
②傷害の原因となる暴行が不明であること
③それぞれの暴行が当該傷害を生じさせうる危険性を有していること
④それぞれの暴行が外形的には共同実行に等しいと評価できるような状況で行われたものであること

　特に④は、各暴行が同一の機会に行われたものであることの証明であると解されています。この「機会の同一性」は、各暴行が時間的場所的に近接して行われ、各行為者が相互に他方の暴行を現認しうる状況にあることを要求する趣旨です。

> 問題 18-6：Xは、Aの胸部に暴行を加えて立ち去った。その直後、うずくまっているAに遭遇したYは、Aの脇腹に暴行を加えた。どちらの暴行が原因かは不明だったが、Aは重傷を負った。なお、XとYの共犯関係（意思連絡）は立証できなかった。

　問題 18-6 の事実を4つの要件にあてはめてみましょう。①XとYの意思連絡が立証できなかったことから、XとYは、意思連絡なく暴

行を加えていると評価されます。②Aが重傷を負った原因がどちらの暴行にあるのかは不明です。③XはAの胸部に暴行を加え，YはAの脇腹に暴行を加えていますので，それぞれの暴行は，当該傷害を生じさせうる危険性を有しています。④Yの暴行は，Xの暴行現場でXの暴行直後に加えられており，両者とも，相互に他方の暴行を現認しうる状況にあるといえるため，それぞれの暴行は，外形的に見れば共同実行に等しいと評価できるような状況で行われたものであると認められます。したがって，X・Yともに207条が適用され，自己の暴行と傷害結果との間に因果関係が存在しないことを証明しない限り，両者には傷害罪の共同正犯が成立することになります。

　なお，判例は，傷害の原因が不明である場合に限らず，傷害致死罪の事案で死因が不明である場合や，傷害罪の承継的共同正犯が否定された場合にも，207条の適用を認めています。

（小島秀夫）

第19回　逮捕・監禁罪

1　逮捕・監禁罪とは何か

　逮捕・監禁罪は，220条に定められています。「不法に人を逮捕し，又は監禁した者」を処罰する規定です。「逮捕」と「監禁」が区別されていることに注意しましょう。

　逮捕とは，人の身体を直接に拘束して，場所的移動の自由を奪うことをいいます。他方，監禁とは，一定の場所からの脱出を困難にして，移動の自由を奪うことをいいます。まずは，以下の問題を通じて両者を区別できるようになりましょう。

> 問題 19–1：Xは，Aの手足を縛り上げて動けなくした。

　Xは，Aの手足を縛り上げていますので，人の身体を直接に拘束しているといえます。逮捕というと，被疑者が手錠をかけられているイメージを持つ人も多いと思いますが，そのように理解してかまいません。逮捕（および監禁）はそのように「適法に」行われる場合も少なくないので，220条は「不法に」と加えてあるわけです。もっとも，警察官が行う逮捕は当然に法令行為として35条に基づいて違法性が阻却されますので，この「不法に」には特別な意味はありません。

　他方，監禁はどうでしょうか。

> 問題 19–2：Xは，Aを倉庫に閉じ込めて，外から鍵をかけた。

　Xは，問題 19–1と異なり，Aの身体を直接に拘束しているわけではありません。しかしもちろん，倉庫からは出られなくしていますの

で，一定の場所からの脱出が困難になったといえ，監禁にあたります。

　また，逮捕・監禁の手段は物理的なそれに限られません。例えば以下のような場合を考えてみましょう。

> 問題 19-3：Ｘは，繁華街にある銭湯でＡ女が入浴中に，脱衣場に置いてあった衣服を使用済みタオル入れに捨ててしまった。

　結論として，このような場合も，一定の場所からの脱出が困難になったといわざるをえません。一般的にも，このように羞恥心や恐怖心を利用する場合も監禁に当たるとされています。他方，問題 19-3 のような場合は，他の手段で浴室から出られる場合もあるので，衣服に対する器物損壊罪（隠匿も損壊に含まれます）とする見解も少なくありません〈各 105 頁〉。問題 19-3 の場合は，銭湯が繁華街にあるという事実もありますので，そこに衣類なしに出て行く手段があるというのも酷と思われますので，（衣服への器物損壊罪に加えて）監禁罪が成立すると考えるべきでしょう。

2 「自由」の意義 ── 可能的自由説と現実的自由説

　では，「移動の自由」とは何を意味するのでしょうか。例えば以下の問題を考えてみましょう。

> 問題 19-4：Ｘは，新生児Ａが寝ている部屋のドアを固定して，中から開かないようにした。

　新生児とは，生後 4 週間までの子どものことをいいます。寝返りも打てない時期ですので，自分の意思で移動することは不可能です。そもそも移動の自由がＡに存在しないため，どのような見解に立ったとしても監禁罪は成立しません。

　では，以下のような場合はどうでしょうか。

問題 19-5：Xは，講義中に学生全員が寝ていたので，教室から出て，外からドアを固定して中から開かないようにした。Xが20分後に教室に戻ったところ，全員がまだ熟睡中であった。

　教員としてはなかなかに切ない事例ですが，部屋を外から封鎖して，「一定の場所からの脱出を困難にした」といえるものの，現実には誰も外に出ようとしていなかったということが，この問題の論点です。

　現実的自由説は，このような場合に監禁罪の成立を認めません。「現実の自由」は侵害されていないためです。他方，学生の誰かが起きて退出する可能性はあったので，そのような「可能な（あったかもしれない）」移動の自由の侵害を理由に監禁罪を成立させるのが**可能的自由説**という立場です。判例は可能的自由説の立場に立っています。なるほどたしかに，学生が目を覚まして —— 例えば講義は終了したと思って —— 退室しようとしても退室できないので，その点を捉えて監禁罪を成立させることには合理性があるように思われます。

　では，現実的自由説はどのような理由で主張されているのでしょうか。以下の事例を考えてみましょう。

問題 19-6：Xは，大学教員の父親Aが書斎にこもって出てこないことに腹を立てて書斎のドアを固定して書斎から出てこられないようにした。Aも途中からそのことに気づいていたが，まったく気に留めずに書斎で論文を読み続けていた。3時間後にXがドアを元通りにしたところ，Aは3時間前とまったく同じ姿勢で論文を読み続けていた。

　これも大学教員としてはなかなかに耳の痛い事例ですが，人の気は変わりやすいものだとすれば可能的な自由の侵害はあると言え，可能的自由説からは監禁罪が成立することになりそうです。他方，現実にはAは移動の意思を有していなかったので，現実的自由説からは監

禁罪が成立しないことになります。論理的に考えていくと，問題 19–6 の場合は，監禁行為は行ったが，監禁の結果（移動の自由の侵害）は生じなかったと分析することができます。そして監禁罪には未遂処罰規定がないので，監禁罪を理由に処罰する必要はないというのが現実的自由説の論旨です。

　逮捕・監禁罪の結果的加重犯として定められている条文として，221 条があります。以下のような場合に問題になります。

> 問題 19–7：X は，A が児童だった頃から自宅に数年間監禁していたところ，A は極度の運動不足のため，足に障害が残ってしまった。

　221 条は問題 19–7 のように逮捕監禁行為から死傷結果が生じた場合に関する規定です。法定刑は明示されていはいませんが，監禁から傷害の結果が発生した場合の法定刑は，結論として最低 3 月，最高 15 年の懲役ということになります。これは，221 条の「傷害の罪と比較して」という点から導き出されます。「傷害の罪」とは，傷害罪（204 条）ではなくて，刑法典第 27 章「傷害の罪」（204 条〜208 条の 2）を指します。逮捕監禁行為から被害者が傷害を負った場合は傷害罪，被害者が死亡した場合は傷害致死罪（205 条）と比較して，刑の上限も下限も「重い刑により処断する」というのが 221 条の趣旨です。まずは問題 19–7 のように被害者が負傷した場合を考えてみましょう。

　さきほど述べたように，逮捕監禁致傷罪の刑を考えるときは，逮捕監禁罪と傷害罪の法定刑を比較して，上限も下限も重いほうによることになります。両罪の上限と下限は以下の図のとおりです。罰金の下限は 15 条に定められています。

	上限	下限
逮捕監禁罪	懲役 7 年	**懲役 3 月**
傷害罪	**懲役 15 年**	罰金 1 万円

　上限と下限を比較して，重い方はゴシックになっている懲役3月，懲役15年ですので，逮捕監禁致傷罪の法定刑は懲役3月以上15年以下ということになります。すでに逮捕監禁行為は行っているため，基本犯である監禁罪の下限を下回るのは不当であるから傷害罪の下限は適用しないが，傷害行為を発生させているから上限は傷害罪と同等に解すべきであるという趣旨です。

　次に，確認も込めて逮捕監禁行為から死亡結果が生じた場合（逮捕監禁致死罪）を考えてみましょう。被害者が死亡してしまった場合の比較対象は，傷害致死罪です。両罪の法定刑を図にして比較すると以下のとおりです。有期懲役の上限は12条1項に定められています。

	上限	下限
逮捕監禁罪	懲役 7 年	懲役 3 月
傷害致死罪	**懲役 20 年**	**懲役 3 年**

　このように，被害者が死亡してしまった場合は，上限も下限も傷害致死罪のほうが重いためそちらに拠ることとなり，結論としては懲役3年以上20年以下ということになります。

　このような「傷害の罪と比較して，重い刑により処断する」という用法は不同意堕胎致死傷罪（216条）や遺棄等致死傷罪（219条）でも使われていますが，考え方は同じです。

　なお，逮捕・監禁罪の法定刑は，傷害罪とともに，平成17年の改正で引き上げられています。そのきっかけとなった事件を新潟監禁事件といい，問題19-7はそれを簡略化したものです。10年近く監禁す

るという行為に対して，当時の監禁致傷罪の上限が懲役 10 年であったため，監禁の罪，それと関連する傷害の罪の刑の見直しが図られました。

（山本紘之）

第 20 回　住居侵入罪

1　130 条の保護法益

　住居侵入等の罪は，130 条に定められており，今日では個人的法益に対する罪であると解されています。もっとも，その保護法益をめぐっては争いが見られ，条文の解釈にも影響を及ぼすため，注意が必要です。さっそく，問題 20-1 を見ながら，130 条の保護法益を考えてみましょう。

> 問題 20-1：X は，空き巣をしようと企み，住宅街をうろついていたところ，玄関の鍵を閉め忘れて出かけた一人暮らしの A 宅を発見し，A 宅の玄関からこっそり入った。

　130 条の保護法益について，多くの判例や通説は，住居などに誰を立ち入らせるかの自由と解しています（**住居権説**）。これに対して，住居などの平穏と解する考え方（**平穏説**）も主張されていますが，このような考え方に基づくと，問題 20-1 の X は，A 宅に入る際，騒がずこっそり入っていますので，平穏を害しているとは認められず，住居侵入罪は成立しないということになってしまいます。学説の中には，個人の住居の場合は通説と同じように考え，公共営造物の場合は平穏な利用が保護されているとして，保護法益を客体に応じて理解する考え方も見られます〈各 150 頁〉。

　住居侵入等の罪の構成要件要素を確認した上で，通説に基づいて問題 20-1 の事実をあてはめてみましょう。なお，本罪は，実行行為をすれば直ちに犯罪が成立する**挙動犯**です。そのため，結果や因果関係

は，構成要件要素ではありません。

> 主体：限定なし
> 客体：他人の住居もしくは他人の看守する邸宅，建造物もしくは艦船
> 実行行為：侵入
> 故意：他人の住居もしくは他人の看守する邸宅，建造物もしくは艦船に
> 　　　侵入している

　Xにとって，A宅は「他人の住居」です。また，XはAの許可を得ずに玄関からこっそり入っていますので，Aにとって自宅に誰を立ち入らせるかの自由が侵害されており，Xの行為は「侵入」として認められます。Xは，立ち入った場所が他人の住居であり，Aの許可を得ていないことを知りながら立ち入っていますので，住居侵入の故意も認められます。したがって，Xの行為は，住居侵入罪の構成要件に該当します。

　130条に規定されている「正当な理由がないのに」とは，侵入行為の違法性を阻却する事由がないことを意味します。問題20-1では，Xが侵入する際，違法性を阻却する正当な理由は存在しませんから，Xに住居侵入罪が成立することになります。

2　130条の客体

　130条が適用されるためには，立ち入った場所が，他人の住居，他人の看守する邸宅，他人の看守する建造物，他人の看守する艦船のいずれかであることが必要です。「**住居**」とは，通説によれば，人の起臥寝食に使用する（寝たり起きたり食べたりする）場所とされていますが，もう少し範囲を広げて，日常生活に使用する場所と捉える見解も有力に主張されています。後者によれば，店舗や事務所なども「住居」に含まれるでしょう。「**邸宅**」とは，住居用の工作物で，現に住居として使用されていないものを指します。例えば，空き家やシーズンオフの別荘などです。「**建造物**」とは，屋根があり，壁や柱で支え

143

られて土地に定着し，人の出入りに適した構造をもつ工作物で，住居
や邸宅を除いたものをいいます。例えば，学校，工場，倉庫などです。
「艦船」とは，軍艦やその他の船舶で，人の出入りできる大きさであ
ることが求められるとされています。「住居」以外の客体については，
「他人の看守する」ものであること，つまり，他人が事実上管理・支
配しているものでなければなりません。

　それでは，問題 20-2 の X が立ち入った場所は，これらのうちどの
客体にあてはまるでしょうか。130 条の保護法益を「誰を立ち入らせ
るかの自由」と解する場合，客体によって，誰を立ち入らせるか自由
に決定する権利のある人が異なることもありますので，慎重に検討し
なければなりません。

> 問題 20-2：X は，近隣に建築される A 不動産の賃貸マンションが景観
> を害するとして，建築計画時から強く反対していた。それにもかかわら
> ず建築が進められたため，X は，建築を妨害する目的で，基礎工事や外
> 壁工事が終わり，内装工事中の当該マンションのエントランスホールに
> 許可なく立ち入った。

　X が侵入した賃貸マンションは，基礎工事や外壁工事が終わってい
ることから，屋根があり，壁や柱で支えられて土地に定着し，人の出
入りに適した構造を有しているといえます。それはもちろん住居用の
工作物ですが，内装工事中ですので，まだ起臥寝食には使用されてお
らず，日常生活に使用することもできないため，「住居」としては認
められません。X の立ち入った場所は「邸宅」であり，A 不動産が管
理していることを踏まえると，「他人の看守する邸宅」であると認め
られます。A 不動産は，X の立ち入りを許可しているわけではないた
め，その立ち入りは「侵入」にあたるでしょう。X は，立ち入った場
所が他人の工作物で，A の許可を得ていないことを知りながら立ち

入っていますので，邸宅侵入罪の故意も認められます。したがって，Xの行為は邸宅侵入罪の構成要件に該当し，違法性を阻却する正当な理由は存在しませんから，Xには邸宅侵入罪が成立することになります。

　なお，この賃貸マンションに人が入居すると，入居した一室は「住居」となりますが，他の入居者との共用部分であるエントランスホール，階段，廊下などが「邸宅」にとどまるか，それとも「住居」にあたるかは，見解が分かれています〈各154頁〉。

問題 20-3：新型コロナウィルスの蔓延により，全国の小学校が臨時休校となり，校内にあるすべての門が閉鎖されている中，Xは，校庭を独り占めして使用する目的で，A校長が管理する小学校の正門から許可なく立ち入り，校庭を走り回ってジョギングを楽しんだ。

　問題 20-3 におけるXは，小学校の校庭に許可なく立ち入っています。この場合，Xが立ち入った場所は「住居」，「邸宅」，「建造物」のどれにあてはまるでしょうか。住居，邸宅，建造物には，それらの建物に接する周りの部分で，門や塀などによって取り囲まれた場所があります。この場所を囲繞地といい，囲繞地も住居，邸宅，建造物に含まれるとされています。

　問題 20-3 を見ると，Xが立ち入った校庭は，Aが管理する小学校の建物に接する囲繞地ですので，「他人の看守する建造物」に該当します。Xは，Aの許可なく立ち入っていますので，「侵入」にあたります。また，Aの許可を得ていないことを知りながら校庭に立ち入っていますので，建造物侵入罪の故意も認められるでしょう。したがって，Xの行為は建造物侵入罪の構成要件に該当し，違法性を阻却する正当な理由は存在しませんから，Xには建造物侵入罪が成立することになります。

3 「侵入」の意義

　住居を侵す罪の実行行為は,「侵入」です。どのような行為が「侵入」とされるのかは, 保護法益をどのように捉えるかによって変わってきます。住居などの平穏に求める立場によれば,「侵入」とは, 平穏を害する形での立ち入りであると解されますが (**平穏侵害説**), 通説によれば, 住居権者や管理権者の意思に反する立ち入りであると解されます (**意思侵害説**)。通説の考え方に基づくと, 先に挙げた問題20-1では, Aが住居権者であり, Xは住居権者であるAの許可なく立ち入っているため, Xの行為が「侵入」と認められるのです。

　では, 立ち入りを許可する権利のある人が複数いる場合は, どのように考えたらよいでしょうか。問題20-4を見てみましょう。

> 問題20-4：Xは, 1人で下宿している女子大生のAと付き合って1年が経過した頃, Aからの誘いを受けてAと一緒にAの実家を訪れることになった。Aの母親Bは, Xの来訪を歓迎していたが, Aの父親CはこれにXは, Cの同意を得られないまま, Cの不在中に, Aと共にその実家の玄関から立ち入った。

　問題20-4では, XはAの実家, すなわち「他人の住居」に立ち入る際, AやBの許可を得ていますが, Cから許可を得ていません。このような場合, 主に3つの考え方が主張されています。第1に, 許可を与える権利のある人全員から許可を得なければならないとする考え方です。この考え方に基づくと, Xは, Cから許可を得ていないため,「他人の住居」に「侵入した」ということになってしまうでしょう。

　そこで第2に, その場にいて許可を与えた人の意思が優先されるとする考え方があります。この考え方によれば, 問題20-4では, 不在中のCよりもAやBの意思が優先されるため, Xの行為は「侵入」

にあたりません。しかし，この考え方を徹底すると，その場にいない人の権利が弱まることになるため，冒頭で挙げた問題 20-1 のように，空き巣による立ち入りが「侵入」として認められなくなるのではないか，との懸念が生じてしまいます。

　こうして現在では，第 3 に，許可を与える権利のある人のうち 1 人から許可を得られれば足りるとの考え方が有力に主張されています。この考え方によれば，問題 20-4 の X は A や B から許可を得ているため，X の行為は，住居侵入罪の実行行為である「侵入」にあたりません。もっとも，この考え方に基づいた場合でも，例えば B も C と同様に X の立ち入りに反対していたとき，やはり「侵入」にあたらないと結論づけてよいでしょうか。ゼミなどでさらに検討してみて下さい。

問題 20-5：X は，A 宅に押し入り，強盗することを計画した。犯行当日，X は，A の玄関横に設置されているインターホンを押し，A からの応答に対して強盗目的で立ち入ることを隠したまま「宅配です」と答えて，A が玄関を開けた後，平然と立ち入った。

　最後に，被害者が錯誤に基づいて立ち入りの許可を与えた場合について考えてみましょう。問題 20-5 では，被害者の A は，X が宅配業者であると勘違いして X の立ち入りを許可しています。このような場合，住居などの平穏を保護法益とする考え方から，立ち入りの目的も考慮した上で，立ち入りが平穏になされていれば，基本的には住居侵入罪は成立せず，目的が発覚した時点で退去要求を行うことが可能であれば，その時点から 130 条後段の不退去罪の成否を検討すればよいとの見解が主張されています。この考え方に基づくと，問題 20-5 では，確かに X は平然と立ち入っています。しかし，立ち入りの目的を考慮すると，強盗のような重大な犯罪を行おうとする人に対して

147

は，目的が発覚した時点でＡが退去要求をしてもＸは応じないと考えられます。このような場合は，平穏を害する立ち入りであるとされ，Ｘの行為は「侵入」として認められます。

これに対して，誰を立ち入らせるかの自由が保護法益であるとする学説の多くは，欺罔に基づく被害者の同意の箇所（第 8 回）で勉強した，法益に関する錯誤（**法益関係的錯誤**）かどうか，という点に着目しています。すなわち，立ち入りの許可を与える権利のある人が立ち入りそれ自体に同意している以上，立ち入りの目的に関して錯誤があったとしても，その錯誤は法的に重要ではないと考えています。こうした考え方に基づくと，問題 20-5 のＡは，Ｘが立ち入る目的については錯誤が見られますが，Ｘの立ち入りそれ自体には許可を与えています。そのため，Ｘの行為は「侵入」と認められず，住居侵入罪の成立は否定されます。しかし，こうした考え方を徹底すると，デパートに爆弾を設置する目的で立ち入る行為も，本来デパートの管理権者は不特定多数の人の出入りを想定していますので，「侵入」と認められないことになってしまいます。

そのため，判例は，居住者や管理者の推定的意思に反すると認められる限り，その許可を広く無効と解しています。問題 20-5 では，Ｘが立ち入る本当の目的をＡが知っていれば立ち入りを許可しなかったであろうと推定できます。したがって，Ａの許可は無効となり，Ｘの立ち入りは「侵入」と認められます。侵入行為の違法性を阻却する正当な理由はありませんから，Ｘには住居侵入罪が成立することになります。

（小島秀夫）

第21回　名誉毀損罪

1　名誉毀損罪とは

　今回は，名誉毀損罪（230条以下）が，どのような場合に成立するのか検討しましょう。同罪の構成要件は，次のとおりです。

名誉毀損罪（230条）の構成要件
主体：人（自然人）
客体：人（法人を含む）
実行行為：人の社会的評価を低下させるに足る事実を公然と摘示すること
因果関係：よって（＊第1回の説明を参照）
結果：人の社会的評価を低下させる抽象的危険の発生
故意：人の社会的評価を低下させることの認識・認容

2　人の名誉

問題21-1：Ｘは，インターネット上の匿名掲示板に，「Ａ大学の学生たちは犯罪者集団だ」という書き込みを投稿した。

　名誉毀損罪は，公然と事実を摘示し，「人」の名誉を毀損したときに成立します。なお，「毀損」とは，人の社会的評価を低下させるおそれのある状態を発生させることをいい，現実にこれを低下させることは必要ではなく，本罪は**抽象的危険犯**であると解されています〈各175頁〉。

　本罪の客体である「人」には，自然人だけでなく，**法人**などの団体も含まれます〈各171頁〉。ただし，被害者は特定されることが必要なので，「関西人」や「埼玉県人」などといった**不特定の集団**に対し

ては，本罪は成立しません。それゆえ，本問の場合，「A大学の学生たち」という不特定の集団に対して同罪が成立することはありません。

　もっとも，本問の場合には，「A大学の学生たち」という不特定の集団に対してではなく，「A大学」という特定の法人に対する名誉毀損がなされているともみることができますので，Xには，「A大学」という法人に対する名誉毀損罪が成立するといえるでしょう。

　なお，本罪は，被害者側が自ら告訴しなければ公訴を提起することのできない**親告罪**ですから（232条），そのような行為があったからといって，直ちに刑事事件の対象となるわけではありません。

3　事実の摘示

> 問題21-2：Xは，Aを貶めようとして，インターネット上のSNSサイトに，「Aは何度も整形を繰り返していて，年齢も学歴も詐称している」という書き込みを，誰でも閲覧可能な状態で投稿した。実際，Aは何度も整形をしており，SNS上で公開しているプロフィールよりも実年齢は3歳上で，海外の大学への留学経験がないのにあると公言していた。しかし，SNS上に投稿されたこれまでのA自身による書き込みを読めば，Xの書き込みが真実であるということを誰でも容易に知ることができた。

　名誉毀損罪が成立するためには，公然と「**事実を摘示**」することによって，人の名誉を毀損することが必要です。「事実を摘示」するとは，人の社会的評価を低下させるに足りる具体的な事実を表示することをいい，人格的価値にかかわる事実だけでなく，プライヴァシーに属する事実をも含むとされています〈各173頁〉。なお，名誉毀損罪と侮辱罪（231条）は，この「事実の摘示」がなされたかどうかによって区別されます〈各185頁〉。

　摘示される事実は，必ずしも非公知のものである必要はなく，公知

のものでもよいとされています〈各 174 頁〉。誰もが知っているようなことでも，中にはそのことを知らない人もいるでしょうし，また，ダメ押しのような形で，その人の評価のさらなる悪化につながる可能性もあるからです。本問で問題となっている A についての情報は，誰でも容易に知ることができたのですから，公知のものということができます。しかし，上記の理由から，このような X の書き込みも，A の社会的評価を低下させるに足りる具体的な事実の表示であるということができます。

　また，摘示した事実が真実であっても本罪は成立します。「事実」というのは，「真実」と「虚偽の事実」の両方を含むものであることにご注意ください。もっとも，たとえ本当のことでも，それによって人の評価を下げるようなことは決していってはいけないということになると，憲法 21 条 1 項が保障する表現の自由が大幅に制限されることになりますし，告発などをすることもできず，それではかえって不都合なこともありますから，**刑法 230 条の 2** は，それが公共の利害に関する事実に係り，かつ，その目的がもっぱら公益を図ることにあったと認められる場合には，そのことが真実であることの証明がなされることを条件として，例外を認めています（後述 5）。しかし，本問の場合は，摘示された事実は真実ですが，X はもっぱら A を貶めようとしており，それが公共の利害に関する事実に係り，かつ，その目的がもっぱら公益を図ることにあったとはいえません。

　さらに，摘示の方法・媒体は問わないとされており，文書や図画，インターネット上の掲示板，口頭による場合でも本罪は成立し，噂や風評・風聞であっても，被害者および事実が特定しうる限り，本罪は成立しうるとされています〈各 174 頁〉。

　これらのことから，X には，A に対する名誉毀損罪が成立するといえるでしょう。

4　公然性

> 問題 21-3：Xは，ゼミの指導教員 A から叱られた腹いせに，Xとその大学の友人 5 人が登録しているスマートフォンのコミュニケーションアプリのグループに，「A 先生が大学からの帰りに近くのスーパーで安くなった弁当を買ってひとりで公園のベンチで食べてるのをよく見かけるんだけど，夫婦関係ヤバイんじゃね？」という虚偽の投稿をした。

　名誉毀損罪が成立するためには，「公然と」事実を摘示することによって，人の名誉を毀損することが必要です。「公然と」とは，摘示された事実を**不特定または多数人**が認識しうる状態のことをいいます〈各 172 頁〉。

　もっとも，摘示の直接の相手が特定かつ少数人であっても，その人たちを通じて事実が不特定または多数人へと広がっていく可能性があれば，「公然と」事実を摘示したことになると解されています（**伝播性の理論**）〈各 172 頁〉。

　本問の場合，Xの投稿は，グループに参加している 5 人にしか見られないので，特定かつ少数人に向けられたものといえそうです。しかし，このような，少なからぬ学生が盛り上がりそうな話題は，その 5 人を介して，あっという間に多くの学生たちの間に広がっていくことが容易に予想できます。したがって，不特定または多数人へと伝播する可能性が認められますので，Xの行為は「公然と」なされたものと評価できます。

　すでに 3 のところで確認したとおり，摘示される事実が真実か否かは問題ではありませんし，また，このような変な噂が広まれば，A の社会的評価が低下することは間違いありませんから，Xには，A に対する名誉毀損罪が成立するといえるでしょう。

5　真実性の証明

> 問題 21-4：週刊誌の記者 X は，日本を代表する有名企業の社長 A の不倫疑惑に関する記事を書き，週刊誌に掲載した。実際，その記事に書かれた内容は，すべて真実であった。

　すでに 3 のところでみたとおり，摘示した事実が真実であっても本罪は成立しますが，230 条の 2 は，それが公共の利害に関する事実に係り，かつ，その目的が専ら公益を図ることにあったと認められる場合には，そのことが真実であることの証明がなされることを条件として，その例外を認めています（同条 1 項）。

　「公共の利害に関する事実」とは，多数一般の利害に関する事実，すなわち，公共の利益に役立つ事実をいいます〈各 176 頁〉。本問で問題となっているような，個人のプライヴァシーに関する事実もこれにあたりうるかについて，判例は，「私人の私生活上の行状であっても，そのたずさわる社会的活動の性質及びこれを通じて社会に及ぼす影響力の程度などのいかんによっては，その社会的活動に対する批判ないし評価の一資料として，刑法 230 条ノ 2 第 1 項にいう『公共ノ利害ニ関スル事実』にあたる場合があると解すべきである」としています〈各 177 頁（月刊ペン事件）〉。

　「その目的が専ら公益を図る」とは，文字どおり「専ら」であることまでは必要なく，公益を図ることが主たる動機であればよいとされています〈各 178 頁〉。

　なお，本問には直接関係ありませんが，公訴が提起される前の犯罪行為に関する事実は，それだけで「公共の利害に関する事実」とみられ（同条 2 項），また，公務員またはその候補者に関する事実は，それだけで「公共の利害に関する事実」であり，かつ，「その目的が専ら公益を図る」ものとみられています（同条 3 項）。

本問の場合，日本を代表する有名企業の社長という社会的に影響力のある存在であるＡの人柄や倫理観といった，その資質にかかわることである点で，「公共の利害に関する事実」といえます。また，Ｘには，人々の好奇心をあおって週刊誌を多く売ろうという意図もあるでしょうが，主たる動機として，記事を通して，Ａの有名企業の社長としての資質を市民に問おうとしていると考えられますので，公益目的も認められます。そして，そのことが真実であることも証明されているので，Ｘは，Ａに対する名誉毀損罪で処罰されることはないといえるでしょう。

6　真実性の誤信

> 問題 21-5：週刊誌の記者Ｘは，綿密な取材によって，十分にその証拠となりうるといえるだけの資料を収集し，それが真実であるに違いないと確信した上で，政治家Ａの汚職の疑惑に関する記事を書き，週刊誌に掲載した。しかし，結局，その疑惑は疑惑のままで，Ａが不起訴となったこともあり，真相を明らかにすることはできなかった。

先ほどの問題とは異なり，本問では，摘示した事実が真実であることが証明されていませんので，230条の2を適用できません。しかし，Ｘは，綿密な取材によって，十分にその証拠となりうるといえるだけの資料を収集し，それが真実であるに違いないと確信した上で記事にしているわけですから，結果的に真相を明らかにすることができなかったからといって，これが名誉毀損罪として処罰されてしまうのでは，憲法21条1項が表現の自由を保障していることからも，あまりに酷だといわざるをえません。

そこで，このように，確実な資料・根拠に基づいているなどして，真実性の誤信があったことに相当の理由が認められる場合については，

その理由づけをめぐっては見解の対立がみられるものの，同罪の成立を否定しようという方向で一致がみられます。判例は，このような場合には，犯罪の故意がなく，同罪は成立しないものと解するのが相当である，としています〈各181頁（夕刊和歌山時事事件）〉。これに対して，学説からは，確実な資料・根拠に照らして相当の理由のある言論は，35条による正当行為として違法性が阻却されるべきである，という考え方も有力に主張されています〈各185頁〉。

（岡部雅人）

第22回　窃盗罪

1　窃盗罪とは何か

　窃盗罪を定める235条は,「他人の財物を窃取した者」を処罰する旨を定めています。財産に対する罪は235条以下に多く定められていますが, 窃盗罪とは, 簡単にいえば他人が占有する財物を, 暴行や欺罔(詐欺)によらずに隙をついて奪取するという点に特徴があります。問題22-1は, 窃盗罪の典型的なケースです。

　窃盗罪の要件は, ①他人が占有する(他人の), ②何らかの財産的な価値のある有体物を(財物を), ③隙をついて奪取する(窃取した), 場合であって, かつ, ④権利者を排除し, 他人の物を自己の所有物として, その経済的用法に従い利用処分する意思がある(条文にない要件である, 不法領得の意思)ときに成立します。以下で詳しく見てみましょう。

　まず, ①占有についてです。235条には,「他人の」とありますので, これは「他人の所有物」と解するのが一般的です。しかし242条は「他人が占有……するものであるときは……他人の財物とみなす」としていますので, ①他人が占有しているかどうかが重要です。なお, 自己の所有物を他人が占有している場合に窃盗罪が成立するかどうかは, 窃盗罪の保護法益という難しい問題なので, ここでは措いておきましょう〈各222頁〉。

　次に, ②についてです。235条は「財物」としていますが, これは, 何らかの財産的な価値のある有体物という意味です。物とは有体物をいい(民法85条), それに何らかの「財」があるものを指すわけです。

　③「窃取」とは，隙をついて奪取するという意味です。暴行・脅迫を用いた場合は強盗罪または恐喝罪，欺罔を用いた場合は詐欺罪ですので，結局のところ，占有者の意思に反して奪取するというのは隙をついて奪取するということになります。

　④は，条文にないもので，少し考える必要があるため，のちほど改めて検討します。

　これらの要素を主体，客体などに分類すると以下のとおりになります。

主体：人（制限はない）
客体：他人が占有する財物（上記①，②）
実行行為：窃取（上記③）
結果：占有の移転
因果関係：窃取と移転の因果関係（事実上問題にならない）
故意：上記①〜③の認識と認容
不法領得の意思：権利者を排除し，他人の物を自己の所有物として，そ
　　　　　　　　の経済的用法に従い利用処分する意思（上記④）

　では，具体的に考えてみましょう。

問題 22-1：Ⅹは，コンビニの商品棚に置かれていた菓子パン 1 個を店外で食べようと思ってコートのポケットに入れ，そのまま代金を支払わずに店外に出た。

　この場合，コンビニの商品棚に置かれているものなので①他人のという要件を充たし，菓子パンなので②財物という点も満たし，さらにそれを隙をついて窃取したので，③「窃取した」という点もクリアされます。また，「店外で食べようと思って」という点から，④不法領得の意思も満たされるので，窃盗罪の要件をすべて満たしているといえます。万引きは窃盗の典型例であり，問題 22-1 はごく普通の万引きですが，上記のように窃盗罪の要件をすべて充たしているからこそ，

万引きは窃盗の典型例といえるわけです。

次に，窃盗罪のそれぞれの要件をもう少し細かく検討しましょう。

2　占　有

まず，①占有についてです。占有とは，占有の事実（事実上の支配）と占有の意思によって認められますが，例えば自宅に置いてあることを失念した指輪についても占有があり，それを窃取したら窃盗罪となることからも明らかなように，占有の意思はきわめて希薄なもので足ります。そのため，占有の事実が認められるかどうかが実際には重要です。財布をポケットに入れるなどして身につけている状態はもちろん，自宅や店内に置いておくなど，自己の支配領域内にあるものは占有（の事実）が認められます。

では，以下のような場合を考えてみましょう。

> 問題 22–2：Xは，道ばたに落ちていた千円札を，後で使おうと思ってコートのポケットに入れ，そのまま立ち去った。

これは，財物である千円札は道ばたに落ちていますので，所有者(落とし主）の占有があるとはいえません。そのため，窃盗罪は成立しませんが，「占有を離れた他人の物を横領した」とはいえるので，占有離脱物横領罪（254条）は成立します。簡略化していえば，「どろぼう」が窃盗罪で，「ねこばば」が占有離脱物横領罪です。

3　財　物

財物とは，財産的価値を有する有体物をいいます。有体物ですので，固体・液体・気体のいずれかでなければいけません。したがって，データなどの無体物は財物にはあたらないことになります。以下のような場合を考えてみましょう。

> 問題 22-3：Ｘは，電車の中でＡがスマホゲームにログインするところを見てパスワードを覚え，別の日に勝手にＡのIDでログインした上，Ａがゲーム上で使っていたレアアイテムを自分のアイテムと交換した。

　被害者Ａからすると，「レアアイテムを盗まれた」と思うことでしょう。しかし，有体物の移動がないので窃盗罪は成立しません。この場合は，他人のIDでログインした点を捉えて，不正アクセス禁止法に従って処罰することになります。

4　不法領得の意思

　では，**不法領得の意思**について考えていきましょう。これは，権利者を排除し，他人の物を自己の所有物として，その経済的用法に従い利用処分する意思のことをいいます。細かくみると，a「権利者を排除し，他人の物を自己の所有物として」（権利者排除意思）という部分と，b「その経済的用法に従い利用処分する意思」（利用・処分意思）の二つによって成り立っています。不法領得の意思は条文には規定されていないものの，判例・通説によって窃盗罪（さらにはその他の強盗罪などの領得罪と呼ばれる類型）の要件とされています。

　例えば，以下の場合を考えてみましょう。

> 問題 22-4：Ｘは，六法を忘れて刑法の授業に参加していたところ，教員が六法の参照を指示したので，仕方なく隣で居眠りをしている学生Ａの六法を手元に引き寄せて参照してから，こっそりもとの場所に戻しておいた。

　この場合，Ａという他人が占有する六法という財物の占有を奪った（窃取した）ということができそうです。しかし，実際に窃盗罪で処罰すべきかといえば，疑わしい事案です。それは，Ａが寝ているのが

悪いからではなくて，侵害の程度が軽微だからです。もっとも，占有侵害はすでに発生していますので，客観的な側面から可罰性を否定することは困難です。そこで判例・通説は，不法領得の意思という主観的要素を成立要件とし，aの要素も窃盗罪の要件として位置づけています。問題 22-4 の X は，すぐに返すつもりであって「権利者を排除」するとは思っていないため，aの要素が否定されるわけです。

　次に，以下の問題を素材にbの要素を見てみましょう。

> **問題 22-5**：X は，A に嫌がらせをしようと思い，A が大事にしている芸能人のポスターを持ち去った。その後，X はその芸能人にまったく興味がなかったので，そのポスターを破り捨てた。

　結論を先にいえば，問題 22-5 でも窃盗罪は成立しません。不法領得の意思のうち，bの要素が認められないからです。たしかに，bの要素は本来的な用法に限らず，広く解されてはいます。したがって，ポスターという財物を張って飾るといった本来的な用法による場合はもちろん，裏にメモをするなど，本来の用法に従っていなくても「その経済的用法に従って」ということはできます。しかし，上の問題ではポスターを利用する意思はまったくなく，最終的には破り捨てていますので，bの要素があるとはいえません。

　上の問題では，X が一度占有を取得していますが，その場でポスターを破り捨てるという器物損壊罪の典型的な場合と法益侵害の面においては大差ありません。このように，器物損壊罪などの毀棄・隠匿罪と窃盗罪の区別のために，bの要素が必要なのです。

　ところで，以下のように不動産を奪った場合はどうなるのでしょうか。

問題 22–6：X は，近所の A 所有の更地に，無断で小屋を建てて飲食業を始めた。

　この場合，不動産を自分の持ち物にしたということはできますが，「他人の財物を窃取した」といえるかは語感としてかなり怪しいところがあります。そこで，235 条の 2（不動産侵奪罪）が設けられており，これは「他人の不動産を侵奪した」場合に成立します。不動産は言うまでもなく土地およびその定着物をいい（民法 86 条 1 項），侵奪とは他人の不動産の占有を排除し，これを自己または第三者の占有に移すことをいいます。問題 22–6 の X は，A 所有の更地という「他人の不動産」の上に，飲食業を経営できるほどの小屋を建てるという行為によって「侵奪」したといえるので，不動産侵奪罪が成立します。

（山本紘之）

第 23 回 強盗罪

1 強盗罪の特徴

　強盗罪（236条）は，被害者の意思に反して財物の占有を移転させる点で窃盗罪と共通していますが，その手段として暴行または脅迫を用いる点で窃盗罪と区別されます。また，手段として暴行または脅迫を用いる点で恐喝罪（249条）と共通していますが，恐喝罪が畏怖した被害者の意思に基づいて財物・利益を移転させるのに対し，強盗罪は被害者の意思に反して財物・利益を移転させる点で恐喝罪と区別されます。さらに，強盗罪は未遂だけでなく（243条），予備も処罰の対象です（237条）。まずは，強盗罪の基本である1項強盗罪（236条1項）と2項強盗罪（236条2項）を学習した後，強盗罪に準じる事後強盗罪（238条）や，これらの罪の加重類型である強盗致死傷罪（240条）も勉強しましょう。

2 1項強盗罪

> 問題 23-1：柔道の有段者であるＸは，遊ぶ金欲しさに，人通りの少ない路地裏を深夜1人で歩いていた小柄な女子大生Ａを羽交い締めにして「財布をよこせ」といったところ，Ａは恐怖のあまり腰を抜かして倒れ込んだ。その隙に，ＸはＡの財布をカバンから奪って走り去り，ゲームセンターに逃げ込んだ後，財布に入っていた金銭を使って遊んだ。

　財物を行為の客体とする1項強盗罪（強盗取財罪）は，行為者が暴行または脅迫を用いて他人の財物を強取した場合に成立します。1項

強盗罪の構成要件に該当しているといえるためには，次のような内容を検討しなければなりません。

1 項強盗罪の構成要件要素

主体：限定なし

客体：他人の財物

実行行為：暴行または脅迫を用いて他人の財物を強取する

結果：財物の占有の取得

因果関係：暴行または脅迫を手段として財物を奪取する

故意：暴行または脅迫を用いて財物を奪取している

不法領得の意思：権利者を排除し，他人の物を自己の所有物として，その経済的用法に従い利用処分する意思

　このうち，実行行為を詳しく検討する必要があります。「暴行または脅迫」については，第18回で説明した内容を思い出して下さい。「**暴行**」とは，人の身体に向けられた不法な有形力（物理力）の行使でしたね。ちなみに「**脅迫**」とは，害を加える旨を告知する行為です〈脅迫罪については各89頁〉。もっとも，強盗罪における「暴行」または「脅迫」と認められるためには，財物の奪取（強取）に向けられたもの（財物奪取の手段）であり，かつ，被害者の反抗を抑圧する程度のものであることが必要です。そのため，いわゆる**ひったくり**は，被害者が反抗できる（抑圧される）隙もなく財物を奪取する行為ですから，強盗罪ではなく窃盗罪の成立にとどまります。「**強取**」とは，被害者の反抗を抑圧する程度の暴行・脅迫を手段として，財物を奪取することをいいます。すなわち，暴行・脅迫→財物奪取という流れ（因果関係）が必要です。

　こうした点を踏まえて，問題23−1におけるXの行為が1項強盗罪の構成要件要素を充たすか，事実をあてはめてみましょう。客体について，XはAの財布を奪っていますから，その財布が「他人の財物」であることは明らかです。実行行為について，Xは「財布をよこせ」

といいながらAを羽交い締めにしていますので，Xの暴行・脅迫が財物の奪取に向けられたものであるといえます。また，Xが柔道の有段者で，Aが小柄な女子大生であること，羽交い締めにされたAが腰を抜かして倒れ込んだことから，Xの暴行・脅迫が被害者の反抗を抑圧する程度のものであるといえるため，Xの羽交い締めは，強盗罪の手段としての「暴行」であると認められます。さらに，Xは羽交い締めにしたことで容易にAのカバンから財布を奪うことに成功していますので，Xの行為は「強取」といえるでしょう。結果について，Xは，Aの財布を奪ってゲームセンターに逃げ込んでいますので，財布の占有を取得したことになります。最後に，XはAを羽交い締めにして財布を奪取していますので，強盗の故意が認められ，XはAの財布に入っていた金銭をゲームセンターで費消していますから，不法領得の意思を認めることに異論はないでしょう。したがって，Xには1項強盗罪が成立することになります。

3 2項強盗罪

問題23-2：所持金のないXは，遠く離れた友達の家に遊びに行くため，無賃乗車をするつもりでタクシーに乗り，運転手Aに行き先だけを告げて目的地まで向かった。到着後，Aから代金を請求されるとすぐにXは，持っていた包丁をAに突きつけて，Aがひるんだ隙にタクシーから降りて走り去った。

問題23-2は，タクシー強盗の典型例ですね。その名のとおりXには強盗罪が成立しますが，適用される条文に注意して下さい。XはAの「財物」（有体物）を奪っているわけではないため，236条1項は適用されません。Xは，タクシー代を踏み倒すことで代金を支払う義務（債務）を免れたといえるため，不当に「利益」を得ています。この

ような場合は，236条2項が適用されます。2項強盗罪（強盗利得罪）は，「財産上の利益」を行為の客体とする点に特徴があります。2項強盗罪の構成要件要素は，次のとおりです。

> **2項強盗罪の構成要件要素**
> 主体：限定なし
> 客体：財産上の利益
> 実行行為：暴行または脅迫を用いて財産上の利益を不法に取得し，または他人に財産上の利益を不法に取得させる
> 結果：利益の取得
> 因果関係：暴行または脅迫を手段として財産上の利益を不法に取得し，または他人に財産上の利益を不法に取得させる
> 故意：暴行または脅迫を用いて財産上の利益を不法に取得し，または他人に財産上の利益を不法に取得させている
> 不法領得の意思：権利者を排除し，他人の利益を自己の利益として，その経済的用法に従い利用処分する意思

　問題23-2の事実をあてはめてみましょう。実行行為について，Xは包丁を突きつけてAをひるませていますので，被害者の反抗を抑圧する程度の脅迫を加えているとして，「前項の方法」である「脅迫」が認められます。また，XはAに対して債務を負っていますが，Xが現場から走り去ることで，Aからタクシー代の支払を求められる可能性は著しく低くなったといえるでしょう。こうしてXは，「財産上の利益」を「不法に取得した」ものと見ることができます。さらにXは，無賃乗車をするつもりでタクシーに乗り，包丁を突きつけて，Aがひるんだ隙に走り去っていますので，強盗の「故意」や「不法領得の意思」が認められるでしょう。したがって，Xには2項強盗罪が成立することになります。

4　事後強盗罪

> 問題 23–3：会社員Ｘは，小遣い銭欲しさに，激しく混雑する山手線の
> 車内で，高校生Ａが持っていたカバンの中からＡの財布をこっそり盗
> んで電車から降りようとしたところ，Ａの彼女である女子高生Ｂに気
> づかれて声をかけられたため，盗んだ財布を取り返されないよう，Ｂを
> 数回殴りつけて走り去った。

　問題 23–3 のＸは，窃盗後に暴行を加えています。そのため，暴行・
脅迫→財物奪取という流れではなく，典型的な強盗とは異なります。
しかし，窃盗の最中に被害者に見つかり，その段階で初めて強取する
意思が芽生えて，被害者に暴行・脅迫を加えて財物を奪取した場合だ
と，被害者に見つかった後は暴行・脅迫→財物奪取という流れになっ
ているため１項強盗罪が成立するのに対して（このような事例を**居直
り強盗**といいます），居直り強盗の事案と似ている問題 23–3 のＸに強
盗罪が成立しないとすると，アンバランスな結論になってしまいます。
そこで，典型的な強盗罪と違って手段と結果が逆になった場合でも，
一定の要件を充たせば強盗として処罰しようとするのが事後強盗罪で
す。それゆえ，事後強盗罪は**準強盗罪**とも呼ばれています。

　事後強盗罪は，窃盗が財物を得てこれを取り返されることを防ぎ，
逮捕を免れ，または罪跡を隠滅するため，暴行または脅迫をした場合
に成立します。事後強盗罪の構成要件要素は，次のとおりです。

事後強盗罪の構成要件要素
主体：窃盗犯人
客体：本条で定められている３つの目的のいずれかを遂げるのに障害と
　　　なる者
実行行為：窃盗の機会における暴行または脅迫
結果：財物の占有の取得
因果関係：暴行または脅迫を手段として財物を確保し，逮捕を免れ，ま

　　　　たは罪跡を隠滅する
故意：暴行または脅迫を用いている
目的：財物を得てこれを取り返されることを防ぐ目的，逮捕を免れる目
　　　的，罪跡を隠滅する目的のいずれか
不法領得の意思：権利者を排除し，他人の物を自己の所有物として，そ
　　　の経済的用法に従い利用処分する意思

　事後強盗罪が身分犯かどうか議論されていますが〈各291頁以下〉，
いずれにしても行為の主体には，窃盗既遂犯人のみならず，窃盗未遂
犯人も含まれると解するのが一般的です。また，窃盗行為が既遂か未
遂かによって，事後強盗罪の既遂・未遂が決まるとされています。事
後強盗罪としての暴行・脅迫が認められるためには，次の4点に注意
して下さい。第1に，暴行・脅迫が「窃盗の機会」に行われなければ
なりません。実際の判断基準を大まかにいえば，窃盗の犯行現場から
時間的・場所的に近いところで，被害者側との対立状況が続いている
間に行われる，ということです。第2に，暴行・脅迫が向けられる相
手は，窃盗の被害者に限らず，238条で定められている3つの目的の
いずれかを達成する際に障害となりうる者に向けられればよいとされ
ています。第3に，暴行・脅迫の程度は，強盗罪に準じて「相手の反
抗を抑圧する程度」が必要です。第4に，本条で定められている目的
については，いずれかの目的をもって暴行・脅迫が行われれば足りる
ため，実際にそれらの目的が達成されることは必要ではありません。

　こうした点を踏まえて，問題23-3の事実をあてはめてみましょう。
Xは，Aの財布を盗んで電車から降りようとしていますから，「窃盗」
犯人であることは間違いありません。また，Xは，盗んだ財布を取り
返されないよう殴っていますので，「財物を得てこれを取り返される
ことを防ぐ」目的を有していたといえます。さらにXは，電車から
降りる際に気づかれたBを数回殴っていますから，「窃盗の機会」に
「取り返されるのを防ぐ目的を達成する際に障害となる者」に対して

「相手の反抗を抑圧する程度」の「暴行」を加えたと認められます。
最後に，小遣い銭欲しさにAの財布を窃取したXは，電車から降り
る際に暴行を加えていますので，事後強盗罪の「故意」や「不法領得
の意思」も認められます。したがって，Xには事後強盗罪が成立する
ことになります。

5　強盗致死傷罪

> 問題23-4：Xは，ATMから現金を引き出したばかりの通行人Aに対
> して，怪我をさせないようカッターナイフの刃を出さずに背後から突き
> つけて「金を出せ」と要求した。しかし，Aが逃げようとしたため，X
> はAを掴んで揉み合う状況となった。その際，Xが持っていたカッター
> ナイフの刃が出てAの首に刺さり，Aが倒れ込んだ隙に，XはAのポ
> ケットから現金の入った封筒を奪って逃走した。Aは出血多量により，
> 数時間後に死亡した。

　強盗犯人が人を負傷させたとき，または人を死亡させたときは，240
条が適用されます。240条の構成要件要素は，次のとおりです。

強盗致死傷罪の構成要件要素
主体：強盗犯人
客体：他人
実行行為：強盗の機会における暴行，脅迫，または殺害行為
結果：負傷させた，または死亡させた
因果関係：暴行または脅迫により負傷させた，または殺害行為により死
　　　　　亡させた
故意または過失：負傷させている，殺害している，不注意で負傷させて
　　　　　　　　いる，不注意で死亡させている

　現在の判例や通説によれば，240条の罪には，死傷結果について故
意がない場合だけでなく，故意がある場合も含まれます。したがって，
強盗犯人に傷害の故意がない場合は**強盗致傷罪**，傷害の故意がある場

合は**強盗傷人罪**，殺意がない場合は**強盗致死罪**，殺意がある場合は**強盗殺人罪**が成立します。この死傷結果がどのような行為から生じなければならないかは議論が見られますが〈各297頁以下〉，判例は**強盗の機会**に生じればよいとしています。こうした基準に従うと，例えば強盗犯人同士の仲間割れで仲間に死傷結果を生じさせた場合でも，240条が適用されることになるでしょう。強盗殺人罪の既遂・未遂の区別は，死亡結果を基準に判断されるのが判例の立場であり，強盗傷人罪については，傷害が未遂に終われば強盗手段として暴行のみ行われた場合と同視できるため未遂犯が成立する余地はないとするのが通説です。

　最後に，問題23-4の事実をあてはめてみましょう。Xは，Aにカッターナイフを突きつけて金銭を要求したところ，Aが逃げようとしていますので，間違いなく「強盗」犯人です。その際にAを死亡させていますので，Xは強盗の機会にAを「死亡させた」といえるでしょう。XはAに怪我をさせるつもりすらなかったわけですから，Aの死亡結果については「過失」にとどまります。したがって，Xには強盗致死罪が成立することになります。

（小島秀夫）

第 24 回　詐欺罪

1　詐欺罪とは

今回は，詐欺罪（246条）について検討しましょう。本罪の構成要件は，次のとおりです。

詐欺罪の構成要件

主体：人（不作為による場合は作為義務者）

客体：財物（1項）または財産上の利益（2項）

実行行為：財物（1項）または財産上の利益（2項）の処分行為を導く欺罔行為

因果関係：欺罔行為→錯誤→処分行為→財産移転

結果：財物（1項）または財産上の利益（2項）の喪失

故意：欺罔行為によって財物（1項）または財産上の利益（2項）を喪失させることの認識

不法領得の意思：権利者排除意思，利用・処分意思〈各237頁参照〉

2　客体としての財物

問題 24-1：Ｘは，所持金がなく，最初から支払の意思がなかったのに，ラーメン屋に入って，特製つけ麺を注文し，それを美味しくいただいた。

246条1項は「人を欺いて財物を交付させた者」に詐欺罪が成立することを規定しています。本問のＸは，代金を支払う能力も意思もないのに，あたかもそれがあるかのようにふるまって（これを「**挙動による欺罔**」といいます〈各318頁〉），特製つけ麺という財物を得ているわけですから，本問のＸには，**財物を客体とする1項詐欺罪**が成立します。

3　客体としての財産上の利益

問題 24-2：Xは，ラーメン屋に入って，特製つけ麺を注文し，それを完食した後になってはじめて所持金がないことに気づいたが，支払を免れるため，店員に「代金はもう払いました」と嘘をつき，それを信じた店員の了解を得て店を出た。

246条2項は，「前項の方法により〔＝人を欺いて〕，財産上不法の利益を得……た者」にも詐欺罪が成立することを規定しています。本問のXは，特製つけ麺を注文した時には代金を支払う意思があったわけですから，そのことは欺罔行為にあたらず，問題24-1の場合とは異なり，1項詐欺罪は成立しません。ここでは，本当はまだ代金を支払っていないのに，これを既に支払ったと偽ることによって，支払うべき代金の支払を免れたことが，「財産上不法の利益を得」ることにあたります。よって，本問のXには，**財産上の利益を客体とする2項詐欺罪**が成立します。

4　欺罔行為

問題 24-3：Xは，ジュースの自動販売機に，500円玉と同じ大きさと重さの金属片を投入し，150円のジュースと，お釣りとして出てきた現金350円を手に入れた。

詐欺罪が成立するためには，**欺罔行為→錯誤→処分行為→財産移転**という一連の因果関係が必要となります。このうちの**欺罔行為**とは，「人を欺」くことです。「人」が相手であることが必要なので，機械を欺く行為は欺罔行為にあたらず，このような場合，詐欺罪は成立しません。本問は，自動販売機という機械が相手のケースなので，詐欺罪は成立せず，窃盗罪（235条）が成立します。

なお，窃盗罪は，詐欺罪とは異なり，財物のみを客体とするものなので，例えば，本問のXと同様の行為をして，ゲームセンターのゲーム機を不正に利用したような場合には，いわゆる利益窃盗となり，窃盗罪にもあたらないので，犯罪不成立となります。

> 問題24-4：Xは，コンビニで，「あそこにいる人，万引きじゃないですか？」と言って，店員Aの注意をそらし，その隙に，店内の商品を自分のバッグの中に入れた。

詐欺罪が成立するために必要となる欺罔行為というのは，人を欺くことすべてをいうのではなく，相手方による財産（財物または財産上の利益）の処分（交付）行為（後述6参照）を導くものでなければなりません。本問において，Aは，Xに商品を提供したわけでも，その代金の支払を免除したわけでもありませんので，そもそも処分行為を行っていません。XがしたAを欺く行為は，Aの注意をそらすためのものに過ぎず，Aによる財産の処分行為を導くためのものではありませんので，Xのしたことは，詐欺罪ではなく，窃盗罪にあたります。

5　錯　誤

> 問題24-5：Xは，本当は十分な所持金があるにもかかわらず，「財布をなくしてしまって家に帰れないんです」と嘘をついて，通りすがりの親切そうな老婆Aからお金を騙し取ろうとした。Aは，Xが嘘をついていることを見抜いたが，「若いのにそこまでしないといけないくらい困っているなんてかわいそうに」と思い，同情心からXに手持ちの1万円を渡した。

詐欺罪が成立するためには，欺罔行為がなされ，それによって，相手方が錯誤に陥ることが必要です。本問のXがしたことは，Aに嘘をついて現金を交付させるという，Aによる財物の処分行為を導くため

の欺罔行為ではありますが，A は X の嘘を見抜いており，錯誤には陥っていません。そうすると，欺罔行為→錯誤→処分行為→財産移転という一連の因果関係が存在しませんので，X に詐欺罪は成立せず，せいぜいその未遂罪（250 条）が成立することになります。

6　処分（交付）行為

問題 24-6：X は，アパレルショップで，「この服，試着したいんですけど」と店員 A に声をかけ，A から許可を得た上で試着室に入り，その服に着替えると，そのまま店を出て逃走した。

　詐欺罪が成立するためには，欺罔行為がなされ，それによって相手方が錯誤に陥り，その錯誤に基づいて処分（交付）行為がなされることが必要です。処分行為とは，自らの意思で財産を移転することをいい，これがあるかないかで詐欺罪となるか窃盗罪となるかが決まる重要な要素です。すなわち，詐欺罪が成立するためには，相手方が本心からでなくても自らの意思で（瑕疵ある意思に基づいて）財産を処分することが必要なのです。

　本問で，A は，X に服を試着することまでは許可していますが，それを着たまま持ち帰ることまでは許可していません。それゆえ，X に対して A から財物の処分行為があったということはできません。よって，本問においても，欺罔行為→錯誤→処分行為→財産移転という一連の因果関係が存在しませんので，X に詐欺罪は成立せず，窃盗罪が成立します。

各　　論　個人的法益に対する罪

7　財産移転（財産的損害）

> 問題 24-7：Xは，定価 1000 円の普通の栄養ドリンク 1 本を，新型コ
> ロナウイルスの特効薬であると偽って，Aに 1000 円で販売した。

　詐欺罪が成立するためには，欺罔行為がなされ，それによって相手
方が錯誤に陥り，その錯誤に基づいて処分行為がなされ，相手方から
財産移転がなされることが必要であり，これによって詐欺罪は既遂と
なります。すなわち，処分行為による個別の**財産（財物または財産上
の利益）**の喪失自体が，詐欺罪における法益侵害ということになりま
す。このように，詐欺罪は，**個別財産に対する罪**であり，個別の財産
の喪失があれば，それだけで成立します〈各 213 頁〉。

　しかし，「騙されなかったら買うつもりはなかった」という場合に，
常に詐欺罪の成立を認めるのは妥当でないでしょう。契約等に基づい
て互いに財産の提供がなされ，騙された側も財産を受領している場合
でも，常に騙された側に損害があるとするのでは，とにかく相手を騙
して取引しさえすれば詐欺罪は成立するということにもなりかねず，
詐欺罪の財産犯性が失われてしまうからです。そのため，条文上明示
されてはいませんが，詐欺罪が成立するためには，相手方に**財産的損
害**の発生が必要であると一般的にいわれています〈各 339 頁〉。

　この財産的損害については，**形式的個別財産説**と**実質的個別財産説**の
対立があり，前者の形式的個別財産説は，個別財産の喪失を損害と解
し，形式的に錯誤に基づく交付がなされた以上，その交付自体が損害
であり，対価の提供は詐欺を遂行するための手段にすぎないとします
〈各 340 頁〉。この考え方に従えば，本問についても，Aは，特効薬を
買うためと思って所持金の 1000 円をXに交付しているので，そこに
損害が認められ，Aが栄養ドリンクをXに提供しているのはそのため
の手段にすぎず，Xには詐欺罪が成立することになります。

　これに対して，後者の実質的個別財産説は，交付自体が損害である
と形式的に理解するのではなく，より実質的に損害を理解します。判
例もこの立場に立っているものとみられ，例えば，「たとえ相当価格
の商品を提供したとしても，事実を告知するときは相手方が金員を交
付しないような場合において，ことさら商品の効能などにつき真実に
反する誇大な事実を告知して相手方を誤信させ，金員の交付を受けた
場合は，詐欺罪が成立する」とした判例が参考となるでしょう〈各 339
頁以下（電気あんま事件）〉。この考え方に従っても，本問の X には詐
欺罪が成立することになります。もっとも，判例は「どれだけの損害
があったか」という視点から損害を実質的に捉えているのではなく，
「何について偽ったか」という視点から損害を実質的に理解している
という点に注意が必要となります〈各 341 頁〉。

　なお，本罪の成立要件として，財産的損害の発生は不要であるとし
た上で，詐欺罪の成立要件としての錯誤が認められるのは，被欺罔者
（処分行為者）に法益関係的錯誤がある場合のみであり，その錯誤に基
づいてなされた処分行為による財産移転については法益侵害性が肯定
され，詐欺罪が成立しうるとする，**法益関係的錯誤説**〈総 335 頁参照〉
も，近時有力に主張されています〈各 342 頁〉。この見解によれば，A
に財産的損害が発生したかどうかを考える必要はなく，A が X に 1000
円を交付しようと思って X に 1000 円を交付している以上，A に法益
関係的錯誤はないから，詐欺罪の成立要件としての錯誤は認められず，
錯誤に基づいてなされた処分行為による財産移転もないことになり，
X に詐欺罪は成立しない，ということになりそうだ，と思われたかも
しれません。しかし，この見解からは，詐欺罪は「交換手段・目的達
成手段」として財産を保護しているので，「財産交換」「目的達成」の
点において錯誤がある場合には，法益関係的錯誤の存在を肯定するこ
とができる，とされています。この考え方に従えば，A は「1000 円

175

と引換えに特効薬を手に入れる」という「目的達成」を実現できていませんので，そこに錯誤があるということができ，Ｘには詐欺罪が成立することになります。

8　三角詐欺

問題 24-8：Ｘは，十分な収入がなく，支払の意思も能力もないにもかかわらず，自己名義のクレジットカードを提示して，家電量販店で，最新のゲーム機とソフトを購入した。

最後に，ちょっとだけ複雑な問題にチャレンジしてみましょう。これまでの問題は，欺罔行為者とその相手方（被欺罔者）という，（少なくとも表面上は）登場人物が１対１の比較的シンプルなケースでした。しかし，本問では，カード所有者Ｘ，家電量販店，そして，カード会社と，三つ巴の形で当事者が登場しています。このような場合については，どのように考えるべきでしょうか〈各333頁以下参照〉。

判例は，販売店が被欺罔者であり，処分行為者であり，被害者であるとして，１項詐欺罪が成立するとしています（**１項詐欺説**）。すなわち，Ｘが支払の意思も能力もないのに家電量販店でカードを提示した行為が欺罔行為であり，それによって家電量販店が錯誤に陥り，それに基づいて商品を提供したことが処分行為であり，それによって家電量販店からＸへと商品の占有が移ったことが財産移転であるとするわけです。

これに対して，学説からは，販売店は，カードの有効性と署名の同一性だけを確認すれば足り，カード所有者Ｘの支払の意思や能力を確認する必要はないから，販売店に対する欺罔行為は存在しない，などとして，この場合の詐欺罪の成立を否定する見解（**詐欺罪否定説**）も主張されています。

　また，カード会社は，販売店から送られてくる売上票を受け取って，それが後日カード所有者Xから支払われるものと誤信して販売店に立替払をすることになるわけですが，この点が錯誤とそれに基づく処分行為であり，カード所有者Xは，カード会社に立替払をさせた点で財産上不法の利益を得たものとみることができ，カード会社から販売店に立替払がなされた時点で，カード会社に対する2項詐欺罪が成立するとする見解（**2項詐欺説**）も主張されています。

　さらに，販売店が被欺罔者であり，処分行為者であって，カード会社が被害者であるとして，2項詐欺罪が成立するとする見解も有力です。「錯誤に基づく処分行為」の存在を認めるためには，被欺罔者と処分行為者は一致していなければなりませんが，被欺罔者と被害者は必ずしも一致している必要はないとされますので，このように構成することが可能となるのです。このような構成のことを，**三角詐欺**といいます〈各330頁以下参照〉。この見解によれば，販売店はカード会社のためにその財産を処分する地位にあり，その処分行為によってカード会社が立替払をし，その結果として，カード所有者が代金の支払を免れたことが財産上不法の利益を得たことにあたることになります。

（岡部雅人）

第 25 回　横領罪

1　横領罪とは何か

　横領罪（252条）は，他人から委託されて他人の物を占有する者が，その物を領得する犯罪です。委託物横領罪と称され，その第1次的な保護法益は，客体が「自己の占有する他人の物」に限定されていることから，物の「**所有権**」であり，したがって，賃借権や質権を侵害しても横領罪とはなりません。第2次的な保護法益は，「**委託関係**」であり，これは法文上規定されていない「書かれざる構成要件要素」ですが，占有離脱物横領罪（254条）との区別のために必要となります〈各373頁〉。また，業務上他人の物を占有する者である場合には，業務上横領罪（253条）が成立することになります。

2　横領罪の成立要件

　本罪の主体は，他人の物の占有者または公務所から保管を命ぜられた自己の物の占有者です。したがって，本罪は，65条1項の**真正（構成的）身分犯**です。本罪の客体は，「自己の（委託関係に基づいて）占有する他人の物」であり，財物であること，占有が委託に基づくこと，自己が占有していること，それが他人の物であることが必要です。委託関係は，物の保管を内容とする契約（委任，寄託，賃貸借，使用貸借など）などから生じます。そして，領得行為が必要となります。

横領罪の成立要件
主体：他人の物または公務所から保管を命じられた自己の物の占有者
客体：自己の（委託関係に基づいて）占有する他人の物または公務所か

　　　　ら保管を命じられた自己の物
実行行為：横領行為（不法領得意思の実現行為）
結果：不法領得意思の実現行為があればいいから，とくに問題とならない
因果関係：とくに問題とならない
故意：上記犯罪事実の認識認容
不法領得の意思：故意に包含

　横領罪における「**占有**」は，窃盗罪のそれと異なり，**事実的支配**のみならず，**法律的支配**も含みます〈各 376 頁〉。これは，横領罪における占有のもつ意味が，その排他力にあるのではなく，濫用のおそれのある支配力にあることに理由があります。例えば，登記済不動産については，所有権の登記名義人に占有があり，預金による金銭の占有については，いくつかの類型がありますが〈各 377 頁以下〉，他人の金銭の保管者がこれを銀行に預金し，これが委託の趣旨に反しない場合に，預金者が銀行に預金されている金銭について，預金者は，預金を自由に処分できる地位にあることから，金融機関が事実上支配する不特定物である金銭について預金額の限度で法律的支配を有します。

　「**他人の物**」とは，他人の所有に属する財物をいいます。例えば，寄託された金銭の所有権が問題となります〈各 387 頁以下〉。とくに，使途を定めて金銭が寄託された場合，判例は，一定の目的・使途を定めて寄託された金銭は，特別の事情のない限り，寄託者の所有に属し，受寄者がその目的・使途以外に処分ないし費消する場合には，横領罪を構成するとしています。すなわち，金銭の所有権は寄託者にあり，受寄者による不法処分は横領罪になります。この場合，寄託された金銭自体の特定性には意味がないから，特定された金銭についての所有権ではなく，「**金額所有権**」が認められるわけです。

　「**委託関係**」を生じさせる原因は必ずしも契約であることを要せず，事務管理や後見等，占有者に保管の責任を生じる一切の原因が含まれます。

各　　論　個人的法益に対する罪

「**領得行為**」は，不法領得の意思を実現する行為のことをいいます。横領罪における不法領得の意思とは，窃盗罪よりも広く，「他人の物の占有者が委託の任務に背いて，その物につき権限がないのに所有者でなければできないような処分をする意思」をいいます。その既遂時期は，不法領得の意思が外部に発現されたときです（未遂処罰規定はありません）。

3　横領罪の典型事例

> 問題 25-1：X は，友人 A から「ちょっと旅行に行くので，B に借りた 5 万円を B に返しておいて」と頼まれて，5 万円を預かったところ，好きな競馬に全額費消してしまった。

本問について，横領罪の成立要件を検討すれば，まず，X が 5 万円を A から預かって所持していることから，その 5 万円は，X の事実上の支配にあり，「自己の占有」といえます（もっとも，この 5 万円が封緘されていたような場合，判例によれば，内容物については，委託者の占有にあるとされていますので，それを取得すれば，窃盗罪となります）。次に，その 5 万円は，X に預けたものであることから，A の所有にあり，「他人の物」といえます。そして，X は A から頼まれたということから，「委託関係」もあります。最後に，X はこの 5 万円を費消したことから，不法領得の意思を実現する行為，すなわち，「領得行為」も認められます。

以上のことから，X には，（単純）横領罪（252 条）が成立することになります。

4　二重売買

> **問題 25-2**：Xは，自己の不動産をAに売却したが，まだ所有権移転登記がなされていないことから，これをさらにYに売却し，Y名義に所有権移転登記をした。

　本問は，不動産の二重売買の事例ですが，二重売買とは，目的物を売却した後に，動産の場合は引渡し，不動産の場合は所有権移転登記がなされていないうちに，これをさらに第三者に売却した場合をいいます。この場合も，横領罪の要件を一つ一つ検討していけばいいわけです。

　まず，「自己の占有」か否かですが，登記済不動産については，所有権の登記名義人に占有がありますので，Xに占有が認められます。「他人の物」かについては，動産・不動産の売買においては，民法の意思主義（民法 176 条）によれば，売買契約の成立によって所有権は移転します。したがって，当該不動産は，Aの所有であり，他人の物に該当します。「委託関係」については，売主であるXには**登記協力義務**がありますので，委託関係も認められます。「領得行為」については，第三者Yに売却し登記を完了させる行為は，領得意思の実現行為，すなわち，横領行為と認められます。

　以上のことから，Xには，横領罪が成立します。なお，二重売買が既遂となるのは，不動産の場合は，Yに登記が備わった時点です。本問ではさらに，Yの罪責が問題となります。Yが**単純悪意者**の場合は，民法 177 条によって，有効に対抗要件を備えた所有権を取得しますから，その場合に，刑法上違法とすることはできず，Yが**背信的悪意者**の場合には，民法 177 条の「第三者」から排除されますから，横領罪の共同正犯が成立します。

5　寄託された金銭の場合

> **問題 25-3**：新聞販売店の集金人であるＸは，その日集金した 50 万円を持って販売店に帰る途中，仕事が馬鹿馬鹿しくなり，販売店に戻らず，そのまま新宿に行って，飲み代に費消した。

　本問は，使途を定めて金銭が寄託された場合の問題です。前述のように，一定の目的・使途を定めて寄託された金銭は，特別の事情のない限り，寄託者の所有に属し，受寄者がその目的・使途以外に処分ないし費消する場合には，横領罪が成立します。したがって，50 万円の所有権は新聞販売店社長に帰属することになりますから，Ｘには，横領罪が成立することになります。この処理は，民事法上の金銭についての**「占有と所有の一致」**原則に反することになる点が問題となります。しかし，この原則は，金銭の流通に関する取引の安全（動的安全）を保護するものであり，寄託者と受寄者との間の内部的な所有関係（静的安全）を保護する刑法にそのまま適用するのは疑問であると考えれば，金銭の所有権は寄託者にあり，受寄者による不法処分は横領罪にあたることになります。

6　不法原因給付物

> **問題 25-4**：Ｘは，Ａから公務員Ｂへの贈賄を頼まれ，200 万円を預かったが，Ｘはその金をすべて競馬につぎ込んで費消してしまった。

　本問は，不法原因給付物の領得が横領罪を構成するかという問題です。不法な原因のために給付をした者は，その給付したものの返還を請求することができないとされています（民法 708 条）。判例は，横領罪の成立を肯定していますが，その根拠として，横領物の目的物は単に犯人の占有する他人の物であることを要件としており，必ずしも物

の給付者において民法上その返還を請求し得べきものであることを要件としていないというものです。しかし，最高裁の民事判例〈各 388 頁〉は，愛人関係を維持する目的で未登記不動産（建物）を愛人に贈与し，それを引き渡した事案につき，贈与契約は公序良俗に反して無効であり，また，建物の引渡しは不法の原因に基づくもので，贈与者はその所有権を主張して返還請求できず，その反射的効果として，目的物の所有権は贈与者の手を離れて受贈者に帰属するとしました。この民事判例によって，学説では，不法原因給付物は「他人の物」ではないことになるので，横領罪の成立を認めるのは困難であるという見解が有力化しました。これに対して，**寄託**と**給付**を区別し，前者の場合は，所有権は寄託者に残り，受寄者がこれを費消などすれば，横領罪が成立するという見解もありますが，寄託と給付の区別に根拠はなく，不法原因給付の場合には，所有権は移転し，したがって，横領罪の成立は認められないこととなるでしょう。本問では，X にとって「他人の物」ではなく，横領罪は不成立となります。

7　横領後の横領

問題 25-5：X は，委託に基づいて他人の土地を占有していたが，ほしいままにその土地に抵当権を設定し，その後，さらにその土地を売却したところ，土地の売却行為のみが起訴された。

　本問は，横領後の横領（横領物の横領）の問題です。すなわち，同一物に対して再度横領罪が成立するか否かという点が問題となります。最高裁は，以前，横領罪が状態犯であることから，横領行為後に当該目的物をさらに処分する行為は**不可罰的事後行為**であり，再度横領罪は成立しないと解してきました。これによれば，本問における売却行為は横領罪が成立しないことになります。しかし，その後，最高裁は，

従来の判例を明示的に変更し，先行の抵当権設定行為が存在すること
は，後行の所有権移転行為について犯罪の成立自体を妨げる事情には
ならないと判示しました〈各399頁以下〉。

　第1行為の抵当権設定行為は領得意思の実現行為であり，横領罪が
成立し，第2行為の所有権移転行為も，委託関係に変動がないこと，
一部横領も肯定されることなどから，横領が認められ，横領罪は数罪
成立し得ることになります。したがって，第2行為は不可罰的事後行
為とはならず，法益，目的物，被害者が同一であることから，2つの
横領罪は，**包括一罪**として処理されるべきでしょう。これによれば，
本問におけるXには，横領罪が成立することになります。

（高橋則夫）

第26回　背任罪

1　背任罪とは何か

　背任罪（247条）は，他人のためにその事務を処理する者（事務処理者）が，自己もしくは第三者の利益を図りまたは本人に損害を加える目的で（図利加害目的），その任務に背く行為（任務違背行為）をし，本人に財産上の損害を加えた場合に成立する犯罪です。

　背任罪の本質については，**背信説**（本人との間に存する信任関係違背による財産侵害と捉える見解）が判例・通説です〈各409頁以下〉。背信説によれば，背任罪は，第三者に対する対外関係に限らず，本人との対内関係においても成立し，また，法律行為に限らず，事実行為についても成立することになります。しかし，その信任関係・信頼関係の概念が不明確であり，例えば，民事上の単なる債務不履行にすぎないものまで背任罪になりかねず，背任罪の成立範囲を限定する必要があります。

2　背任罪の成立要件

　行為主体は，「**他人の事務処理者**」，すなわち，他人に対する内部関係において一定の任務に従って他人の事務を処理すべき信任委託関係を有する者です（真正 or 構成的身分犯）。「自己の事務」か「他人の事務」かは，対向関係か対内関係かに依拠し，債務不履行は前者に属することから，背任罪を構成しないわけです。

　「**任務に背く行為**」とは，本人からの信任委託の趣旨に反する行為をいいます。任務違背があるか否かは，処理すべき事務の性質・内容，

各　　論　個人的法益に対する罪

事務処理者の地位や権限，行為当時の具体的状況に照らして判断され
ますが，それ自体として財産上の損害をもたらし，かつ，実質的・総
合的にみても本人にとって不利益な行為であると解することができま
す。

　背任罪は目的犯であり，故意のほか，自己もしくは第三者の利益を
図り，または本人に損害を加える目的があったことが必要です（図利
加害目的）。

　背任罪は，本人に「財産上の損害」という結果が発生したときに既
遂となり，任務違背行為はあったがこの結果が発生しなかった場合に
は，未遂罪が成立するにとどまります（250条）。財産上の損害の有無
は，経済的見地から判断されなければならないと解されています。例
えば，不良貸付の場合，債権者は，貸金債権を有するから法律的には
財産の減少はありませんが，経済的見地からみれば，回収が困難であ
ることから，財産上の損害は存在することになります。

背任罪の成立要件
主体：他人のためにその事務を処理する立場にある者に限定
客体：特定の財物・利益，任意の財産処分
実行行為：任務違背行為
結果：本人に財産上の損害を生じさせること
因果関係：総論と同様
故意：上記犯罪事実の認識認容
目的：図利加害目的

3　背任罪の典型事例

問題26-1：A銀行の支店長Xは，友人Bの会社が倒産しそうなので，
十分な担保を取らずに，1億円の融資を行った。

　本問は，典型的な背任罪の事例です。要件に一つ一つあてはめてい
けばいいわけです。

「他人の事務処理者」

　Ｘは，Ａ銀行のために一定の事務を処理する者ですから，「他人の事務処理者」すなわち，背任罪の行為主体といえます。

「任務違背行為」

　十分な担保もなしに融資をする行為は，Ａ銀行にとって不利益な行為であり，「任務違背行為」といえます。

「図利加害目的」

　友人Ｂの会社の倒産を防ぐために融資を行ったわけですから，第三者の利益を図る目的，すなわち「図利目的」はあるといえます。

「財産上の損害」

　1億円の融資を行ったことによって，銀行の名義で行われ，債権を有しているとしても，経済的見地からすれば，回収は困難でしょうから，「財産上の損害」は発生し，背任罪の既遂が成立するでしょう。

4　二重抵当

問題 26-2：Ｘは，自己所有の不動産にＡに対する債務の担保として抵当権を設定したが，Ａの抵当権がまだ登記されていないことを利用して，Ｂに対する債務のために，同一不動産にＢのために第1順位の抵当権を設定・登記した。

　本問は，「二重抵当」の事例であり，Ｘが「他人の事務処理者」か否かが問題となります。すなわち，Ｘにいまだ登記があり，Ａに登記を移転する「登記協力義務」が「他人の事務」といえるのかという問題です。判例によれば，登記協力義務は，「主として」他人の事務であるとし，抵当権設定義務それ自体が他人の事務にあたるとされました。この場合，対向関係（債務不履行）から対内関係（背任）への移行があるか否かが判断基準となります。登記の一件書類の交付や融資

金の授受が終了する前の段階であれば，単なる債務不履行が認められ，それ以降の段階であれば，財産の実質的処分権限が移転し，その権限を保全する義務を負うことになり，登記協力義務は，主として「他人の事務」にあたると解するべきでしょう。

5　背任罪の主観的要件 ── 図利加害目的

問題26-3：Xは，H銀行の監査役かつ顧問弁護士であり，その経営全般に強い発言力をもっていたところ，代表取締役Aらと共謀の上，H銀行と密接な関係のあるTクラブの資金を捻出するため，同クラブの遊休資産を売却した際，当該物件の価格からみて大幅な担保不足になることを知りつつ，資産状況および業務内容が悪化していたK社に購入資金などを貸し付けた。Xは，これはH銀行の利益のためにしたことだと主張した。

本問は，背任罪の主観的要件である「図利加害目的」の有無の問題です。Xは，H銀行のために任務違背行為を行ったと認識しているという主張がどういう意味を持つかが問題となります。背任罪の故意が認められるためには，自己が他人の事務処理者であること，自己の行為が任務に違背すること，それによって本人に財産上の損害を加えることについての認識が必要ですが，故意のほかに図利加害目的がなぜ必要なのでしょうか。故意があれば，少なくとも図利加害目的は認められるのではないかという疑問が生じます。そこで，判例・通説は，故意を有して任務違背行為を行っている以上，原則として背任罪の成立を認め，それが本人の利益を図る目的によるものである場合には，例外的に不処罰とするという「消極的動機説」を採用しています。これによれば，図利加害目的と本人図利目的とが併存する場合，故意があれば原則として図利加害目的は肯定されるので，本人図利目的が決定的動機となっていない限りは，図利加害目的は否定されないことに

なります。Xには，故意がある以上，図利加害目的は肯定されるといえるでしょう。

6　財産上の損害

問題26-4：Xは，信用保証協会の支所長であったが，企業者Aの保証業務を行うにあたり，Aの資金使途が倒産を一時的に取り繕うためのものにすぎないことを知りながら，保証条件に反して抵当権を設定させずに保証書を交付するなどして，同協会をして保証債務を負担させた。

　前述のように，「財産上の損害」の有無は，経済的見地から判断され，例えば，不良貸付の場合，債権者は，貸金債権を有するから法律的には財産の減少はないが，経済的見地からみれば，回収が困難であることから，財産上の損害は存在することになります。したがって，本問において，信用保証協会は，貸金債権を有していたとしても，経済的見地から見て，「財産上の損害」は発生したといえるでしょう。なお，背任罪の**既遂時期**は，一般に，回収見込みのない貸付を行った場合，その時点で既遂になると解されています。

　さらに，「財産上の損害」の意義につき，その内容は，既存財産を減少させる積極的損害であると，既存財産の増加を妨害する消極的損害であるとを問いません。また，背任罪は，個別財産に対する罪ではなく，全体財産に対する罪ですから，任務違背行為により財産上の損失が生じても，これに見合った財産の増加がある場合には，財産上の損害は発生しないことになります。

7　取引の相手方の刑事責任

問題26-5：銀行が行った融資にかかる頭取らの特別背任の事案につき，

融資先会社の実質的経営者であったＸは，当該融資の申込みをしたにとどまらず，融資の実現に積極的に加担した。

　本問は，取引の相手方（例えば，不良貸付の相手方）が背任罪の**共同正犯**になるのか否かという問題です。すなわち，Ｘに，頭取らとの背任罪の共同正犯が成立するでしょうか。背任罪は，真正（構成的）身分犯ですから，これに関与する非身分者は，65条1項により背任罪の共犯（共同正犯）となります。この問題については，「住専事件」〈各424頁〉，「北國銀行事件」〈各424頁〉，「イトマン絵画取引事件」〈各425頁〉，「石川銀行事件」〈各425頁〉という一連の判例があり，これらの判例においては，背任罪の共同正犯が認められる場合として，「当事者間の利害の一致」と「積極的な働きかけ」が基準とされています。すなわち，取引の相手方が，事務処理者の財産処分に関して「重要な役割」を果たしている場合に背任罪の共同正犯が肯定されています。本問のＸは，融資に積極的に加担したのですから，背任罪の共同正犯が成立するでしょう。

8　横領罪と背任罪の区別

問題26-6：Ａ株式会社の社長Ｘは，愛人28号のＢが経営する会社が倒産寸前であることを知りながら，Ｂからの融資の依頼に応じて，自らが管理する会社資金をＢに融資した。

　本問は，Ｘに，横領罪が成立するか，あるいは，背任罪が成立するかという「横領罪と背任罪の区別」の問題です〈各425頁以下〉。
　背任罪と横領罪は，その主体が異なり，前者が「他人の事務処理者」であるのに対し，後者は委託による「他人の物の占有者」です。例えば，他人から本を借りている者は，横領罪の主体となりますが，他人

の事務処理者ではないから，背任罪の主体ではありません。問題は，本問のように，他人の物の占有者が，他人の事務処理者である場合，すなわち，物に対して，委託の趣旨に反する売却の不当な処分につき，横領罪と背任罪のどちらが成立するかです。背任罪と横領罪は，二つの円が交差する関係にあり，その重なり合っている部分が問題となります（客体が財産上の利益の場合はもっぱら背任罪の成否が問題となります）。横領罪と背任罪の区別について，これまで学説は多岐に分かれていましたが，現在では，横領罪の法定刑が重いことから，まずは横領罪の成否を問題として，それが否定された場合に，背任罪の成否を問題にすればよいわけで，その意味で，横領罪と背任罪の区別は，横領罪の構成要件該当性であるという考え方が主流です。これによれば，横領行為が認められるか否か，すなわち，**不法領得の意思の実現**があったか否かが問題となります。客観的に委託の趣旨に反した物の処分が行われ，それが自己の利益を図ったものである場合には，不法領得の意思が肯定されることから，横領罪の成立が認められます。問題は，第三者の利益を図って他人の物の処分が行われた場合であり，判例の主流は，本人の名義・計算で行われた場合は背任罪，自己の名義・計算で行われた場合は横領罪の成立を認めています。これも結局，後者の場合には，不法領得の意思の存在が肯定されることと同じことでしょう。

　本問のXについては，例えば，帳簿がX名になっており，利子もXの口座に入金されているような場合には，横領罪であり，帳簿が銀行名になっており，利子も銀行の口座に入金されているような場合には，背任罪となります。

（高橋則夫）

第27回　放火罪

1　放火罪とは

　私たちの「社会」それ自体を保護法益とする社会的法益に対する罪のうち，放火罪は，火を用いて不特定または多数の人々の生命・身体・財産に対して侵害の危険を生じさせる行為を処罰するものであり，**公共危険罪**に分類されます。放火罪は，燃やそうとする物（客体）の性質に応じて，**建造物等放火罪**と**建造物等以外放火罪**に大別され，前者はさらに，**現住建造物等放火罪**（108条）と**非現住建造物等放火罪**（109条）に分けられます。また，非現住建造物等放火罪と建造物等以外放火罪（110条）は，建造物等の所有者が他人であれば1項が適用され，自己の場合には2項が適用されます。

　なお，建造物等以外放火罪と自己所有の非現住建造物等放火罪は，条文上「**公共の危険**」の発生が要求されていることから，現に法益侵害の危険が発生したことを要件とする具体的危険犯です。一方，現住建造物等放火罪と他人所有の非現住建造物等放火罪は，条文上そうした要求が見られないことから，実行行為が行われれば法益侵害の危険が発生したものとされる抽象的危険犯であると解されています。

2　現住建造物の意義

　放火罪の中でも現住建造物等放火罪は，極めて重い法定刑が定められています。その根拠は，建造物の「外部」における不特定多数の人々の生命・身体・財産に加えて，建造物の「内部」にいる特定の個人の生命・身体も，現住建造物等放火罪の保護法益に含まれているからで

す。現住建造物等放火罪の構成要件に該当しているといえるためには，次のような内容を検討しなければなりません。

現住建造物等放火罪の構成要件要素

主体：限定なし

客体：現に人が住居に使用し，または現に人がいる建造物，汽車，電車，艦船，鉱抗

実行行為：放火

結果：焼損

因果関係：放火して，現に人が住居に使用し，または現に人がいる建造物，汽車，電車，艦船，鉱抗を焼損する

故意：現に人が住居に使用し，または現に人がいる建造物，汽車，電車，艦船，鉱抗を焼損しようとして放火している

問題27-1：Ｘは深夜，仮眠室を兼ね備えた小学校の校舎脇に置いてあった段ボールに，普段から持ち歩いていたライターで火をつけ，その校舎を全焼させた。

問題27-1において，Ｘの行為が現住建造物等放火罪の構成要件に該当するといえるためには，全焼させた校舎が「現に人が住居に使用し，または現に人がいる建造物」であると認められなければなりません。第1に，「現に人が住居に使用している」，すなわち**現住性**とは，人の起臥寝食する場所として日常使用されていれば足り，昼夜間断なく人が現在する必要はないと解されています。家出や旅行など，住人の居住意思が完全に放棄されていない限り，現住性は否定されません。第2に，「現に人がいる」，すなわち**現在性**とは，住居としては使用されていないものの，現に人がいることを意味します。第3に，「人」とは犯人以外の者を意味します。そのため，犯人が単独で使用している住居や犯人しかいない建造物等は，非現住建造物等放火罪の客体となります。また，居住者全員を殺害した後に放火した場合には，非現住建造物等放火罪が成立します。第4に，「**建造物**」とは，家屋その

193

他これに類似する建築物で，屋根があり，壁または柱で支持されて土地に定着し，少なくとも人がその内部に出入りできるものを指します。

　こうした基準によれば，問題27-1における小学校の校舎は，仮眠室が兼ね備えられていることから，「現住性」が認められる「建造物」であると解されます。その他の内容を検討してみると，ライターで火をつけるXの行為は「放火」であり，校舎が全焼していますので「焼損」も認められます。また，校舎の全焼がXの放火行為によるものであることから，Xの放火行為と校舎の全焼との間には因果関係も存在します。さらに，火をつけた段ボールが校舎脇に置いてあったことから，段ボールに火をつければ校舎が焼損することをXは認識しており，故意も認められるでしょう。したがって，Xには現住建造物等放火罪が成立することになります。

問題27-2：Xは深夜，神社の非現住・非現在部分である本殿に放火した。本殿の一部が焼損したものの，毎夜定期的に本殿を巡回している神職の迅速な消火活動により，本殿と木造の廻廊でつながっていた現住部分の社務所は，焼損の被害を免れた。

　平安神宮放火事件〈各478頁〉をモチーフとした問題27-2における神社のように，複数の建造物が渡り廊下などでつながっており，その一部のみが居住部分として使用されているものも見られます。このような複合建造物の非現住かつ非現在部分に放火した場合，「現住」区域と一体性を有すると評価して，Xに現住建造物等放火罪の成立を認めることは可能でしょうか。

　判例は，物理的一体性（構造上の一体性）と機能的一体性（使用上の一体性）を合わせて考慮し，「現住」建造物にあたるかどうかを判断しています。物理的一体性を有する場合は，現住・現在部分に延焼する可能性が高く，非現住・非現在部分に放火した場合でも建造物内にい

る人に対する危険が肯定されるため,「現住」建造物との一体性が認められます。もっとも,耐火構造の建造物 (難燃性・不燃性建造物) の場合は,現住部分への延焼可能性がほとんどなく,来訪者への危険も認められない限り,「現住」建造物との一体性が否定されるでしょう。また,機能的一体性を有する場合は,建造物内に人が居合わせる可能性が高く,そうした人に対する危険が肯定されるため,「現住」建造物との一体性が認められます。

こうした基準によれば,問題 27-2 における神社の本殿は,木造の廻廊でつながっていることから,非現住かつ非現在部分に放火した場合でも現住部分への延焼可能性は高く,現住部分である社務所との物理的一体性が認められます。また,昼間は本殿に参拝客が訪れ,夜間は本殿を神職が定期的に巡回していることを踏まえると,本殿と社務所との機能的一体性も認められるでしょう。そのため,放火して焼損させた客体は「現住建造物」ということになります。X には実行行為,結果,因果関係,故意も揃っていることから,現住建造物等放火罪が成立することになります。

3　放火罪の実行行為と既遂時期

放火罪の実行行為である「**放火**」とは,目的物の焼損を惹き起こす行為であり,不作為の場合も含まれます。ガソリンなど引火性の強い物質を散布する場合は,点火行為前であっても,散布した時点で実行の着手が認められる余地があります。

放火罪の既遂時期は,客体を「**焼損**」した時点です。では,「焼損」とは,どのような状態を意味するのでしょうか。

問題 27-3：X は,勤務先の会社に嫌がらせをする目的で,隣接する部屋に従業員がいる中,職場の会議室に張られていたポスターに火をつけ

> たところ，炎が天井板に燃え移り，天井板が焼失し，柱や屋根が燃焼し，それらが焼け落ちた。

　判例は，火が媒介物から離れ，目的物が独立して燃焼するに至った状態を「焼損」と解しています（**独立燃焼説**）。放火罪が公共危険罪であることを踏まえると，独立して燃焼した時点で公共の危険が生じるからです。このような考え方に基づくと，問題 27-3 では，火が媒介物であるポスターから離れ，天井板に燃え移った時点で「焼損」として認められます。しかし，天井板に燃え移った時点では，まだ消火器などで容易に消火できるにもかかわらず，その時点で既遂となれば，未遂犯の成立範囲は過度に狭くなるでしょう。そのため，独立燃焼説を前提としつつ，燃焼がある程度継続することを要求する見解が有力に主張されています。

　その1つとして，放火罪が目的物の効用を失わせるという財産犯的側面を有している点を重視して，目的物の重要部分が燃焼し，その本来の効用を失った時が「焼損」であるとの見解（**効用喪失説**）が主張されています。この見解によれば，問題 27-3 では，柱や屋根が焼け落ちた時点が「焼損」となります。また，目的物が燃え上がった時，すなわち目的物の重要部分が燃焼を開始した時に「焼損」を認める見解（**燃え上がり説**または**重要部分燃焼開始説**）も主張されています。この見解によれば，問題 27-3 では，遅くても柱や屋根が燃焼した時点で「焼損」として認められるでしょう。さらに，目的物が毀棄罪（器物損壊罪など財物の効用を客観的に侵害することを内容とする財産犯）にいう「損壊」の程度に達すれば「焼損」とする見解（**毀棄説**または**一部損壊説**）も主張されています。この見解によれば，問題 27-3 では，天井板が焼失した時点で「焼損」として認められます。

　いずれの見解に対しても批判が向けられていますが〈各471頁以下〉，

どの見解に基づく場合でも，問題 27-3 では「焼損」と認められることがわかります。X は，隣接する部屋に従業員がいる建造物，すなわち現在建造物を焼損しており，実行行為，因果関係，故意も揃っていることから，現住建造物等放火罪が成立することになります。

4　公共の危険の意義

建造物等以外放火罪と自己所有の非現住建造物等放火罪では，条文上「公共の危険」の発生が要求されています。その際，周囲の建造物への延焼を介して公共の危険が発生することを必要とするか，議論されています。

> 問題 27-4：X は，むしゃくしゃしていたため，駅のロータリーで停車していた路線バスの車内に向かって，火のついた新聞紙を投げ入れた。車内にいた運転手や客はすぐに逃げたため無事であったが，そのバスは全焼した。

これまで説明してきた基準によれば，路線バスは当然 X の所有物ではなく，108 条や 109 条に規定されている建造物等の客体にも該当しません。したがって，路線バスは他人所有の建造物等以外放火罪（110 条 1 項）の客体ということになります。また，火のついた新聞紙を投げ入れる行為は「放火」であり，バスが全焼していますので「焼損」が認められ，その全焼は放火によるものであることから因果関係も存在します。もちろん，これらの事実を認識している X には，故意も認められるでしょう。では，X の行為は，「公共の危険」を発生させたと認められるでしょうか。

判例は，周囲の建造物への延焼を介さず，直接に不特定または多数人の生命，身体，財産に対する危険が発生する場合も，「公共の危険」を発生させたと評価しています（無限定説）。この考え方によれば，問

題27-4では，周囲の建造物への延焼を介さずに乗客の生命・身体に危険が及んでいますが，それでも「公共の危険」を発生させたと認められるでしょう。

　しかし，こうした考え方を貫くと，例えば消火作業中の消防士が負傷したり，周囲の人々が逃げる際に転倒して負傷したりするような危険についても「公共の危険」に含めてよいことになりかねません。そのため，燃焼作用による危険とは無関係に「公共の危険」を広く認めるべきではないとして，「公共の危険」が認められる範囲を限定する見解（限定説）も主張されています〈各465頁以下〉。

　最後に，条文上「公共の危険」の発生が要求されている建造物等以外放火罪や自己所有の非現住建造物等放火罪の故意が認められるためには，故意とは別に，行為者が公共の危険を認識している必要があるかどうかも議論されています。

> 問題27-5：Xは，Aの愛車に放火して破壊しようと企て，Aの自宅前に止めてあった愛車に灯油を撒き，これに点火したところ，その車は全焼し，Aの自宅の一部も焼け焦げた。

　これまで説明してきた基準によれば，Aの愛車は108条や109条に規定されている客体に該当せず，他人所有の建造物等以外放火罪の客体となります。また，灯油を撒いて点火する行為は「放火」であり，Aの愛車が全焼していますので「焼損」も問題なく認められ，その全焼は放火によるものであることから因果関係も存在します。さらに，Aの自宅の一部が焼け焦げていることから，Xは「公共の危険」を発生させたといえるでしょう。むろん，これらの事実を認識しているXには，故意も認められます。もっとも，XはAの愛車を破壊しようと企てていたに過ぎないことから，公共の危険（周囲の建造物に延焼する危険）を認識していない可能性があります。そこで，他人所有の建

造物等以外放火罪の構成要件がすべて揃っているといえるためには，Xが公共の危険を認識している必要があるか，問題となります。

　判例は，公共の危険の認識を不要と解しています（認識不要説）。こうした立場によれば，問題27-5では，Aの自宅に延焼するかもしれないことをXが認識していなくとも，Xには他人所有の建造物等以外放火罪が成立します。しかし，そのように解すると，器物損壊罪（261条）の認識だけで建造物等以外放火罪の故意が認められることになるため，多数説は公共の危険の認識を必要と解しています（認識必要説）。こうした立場によれば，問題27-5では，Aの自宅に延焼するかもしれないことをXが認識していない限り，Xに他人所有の建造物等以外放火罪は成立しません。

（小島秀夫）

第28回　文書偽造罪

1　文書偽造罪とは

今回は，文書偽造罪（154条以下）について検討しましょう。

文書偽造罪の保護法益は，**文書に対する公共の信用**です。文書は，それが真正なものと考えられるからこそ信用の対象となるわけですが，文書偽造罪は，文書の何の真正を保護しようとしているのでしょうか。

その保護の対象をめぐっては，これを文書の形式的真実，すなわち，「作成名義の真正」と解する**形式主義**の立場と，文書の実質的真実，すなわち，「内容の真正」と解する**実質主義**の立場があります。前者の「作成名義の真正」を偽ること，すなわち，作成権限のない者が文書を作成することを**有形偽造**といい，後者の「内容の真正」を偽ること，すなわち，作成権限のある者が内容虚偽の文書を作成することを**無形偽造**（虚偽文書作成）といいます。

日本の刑法は，基本的には形式主義を採用し，有形偽造を処罰するものですが（154条，155条，159条），公文書や特殊な私文書については，例外的に実質主義も採用し，無形偽造も処罰しています（156条，157条，160条）。つまり，文書偽造罪の基本形態は，AがBの名を語って文書を作成すること，すなわち，「文書の**名義人と作成者の人格の同一性を偽ること**」を処罰するものであって，Aが自己の名義で内容のデタラメな文書を作成することは，例外的に処罰されている，ということです。

なお，文書偽造罪は，文書に対する公共の信用が現実に侵害されなくても，その危険が生じれば成立する，**抽象的危険犯**です。

　文書偽造罪は，初学者にとっては非常に複雑で，理解が難しい問題なので，本書では，文書偽造の基本形態である**有形偽造**，すなわち，「文書の**名義人と作成者の人格の同一性を偽ること**」に対象を絞って検討してみたいと思います。初学者の方には，まずはとにかく基本をしっかりと理解していただくことが重要だからです。

　文書偽造罪（有形偽造の場合）のおおまかな構成要件は，次のとおりです（個々の構成要件については，刑法各論の教科書で確認してみてください〈各 524 頁以下〉）。

主体：人
客体：文書
実行行為：偽造（＊有形偽造＝名義人と作成者の人格の同一性を偽ること）
因果関係：よって（＊第 1 回の説明を参照）
結果：文書に対する公共の信用を侵害することの抽象的危険の発生
故意：文書を偽造することの認識・認容
目的：行使の目的

2　文書の意義

　問題 28-1：Ｘは，身分証明のために免許証のコピーの提出を求められたが，免許証を持っていなかったので，友人Ａに頼んで免許証を借り，コンビニのコピー機でＡの免許証のコピーを作成し，そのコピーのＡの写真の部分を自分の写真に差し替え，氏名，生年月日，住所なども自分のものに修正した上で，それをコピーして，あたかも（実際には存在しない）Ｘの真正な免許証を原本として，これを原形どおり正確にコピーしたかのような外観を有するコピーを作成した。

　文書とは，文字もしくはこれに代るべき符号を用い，永続すべき状態において，ある物体の上に記載した意思表示をいい，その要件として，①人の意思・観念の表示，②可視性・可読性，③永続性，④社会的重要性，⑤名義人の存在，⑥原本性などが問題となるとされていま

す〈各 512 頁〉。

本問の X は，都道府県公安委員会によって発行される公文書である「免許証そのもの」を偽造したわけではなく，「免許証のコピー」を偽造しています。このような場合にも，⑥原本性が必要とされる「文書」が偽造されたといえるのでしょうか。

この点につき，かつては，学説上，その文書性を否定する立場が有力であり，下級審判例は，これを否定するものと肯定するものとが対立していました。しかし，最高裁は，本問と概ね同じような方法で法務局の供託官が作成する公文書である供託金受領書のコピーを作成した行為について，「公文書偽造罪の客体となる文書は，これを原本たる公文書そのものに限る根拠はなく，たとえ原本の写であっても，原本と同一の意識内容を保有し，証明文書としてこれと同様の社会的機能と信用性を有するものと認められる限り，これに含まれるものと解するのが相当である」として，コピーも，「文書本来の性質上写真コピーが原本と同様の機能と信用性を有しえない場合を除き」，原則として文書と解すべきだとしています〈各 516 頁〉。この判断に従えば，本問で X が作成したコピーも，公文書偽造罪の客体である文書にあたるといえます。

よって，本問においては，X によって，作成者が X で，名義人が A という，その同一性を偽った公文書が作成されているといえますので，X には，公文書偽造罪が成立するといえるでしょう。

> 問題 28-2：司法試験の受験資格のない X は，ロースクールを修了して受験資格を得たものの受験を諦めて失踪してしまった A になりすまして，勝手に A を名乗って司法試験を受験し，A 名義の答案を作成した。

文書のうち，**公文書**とは，公務所または公務員の作成すべき文書をいい〈各 525 頁〉，**私文書**とは，公文書以外の，権利・義務に関する文

書および事実証明に関する文書をいいます〈各 536 頁〉。このうち,「権利・義務に関する文書」とは,権利・義務の発生・存続・変更・消滅に関する文書をいい,「事実証明に関する文書」とは,実社会生活に交渉を有する事項を証明する文書をいうとされています〈各 537 頁〉。

　本問では,X によって,A が名義人となる試験の答案が作成されていますが,試験の答案は,私文書,すなわち,「権利・義務に関する文書」または「事実証明に関する文書」にあたるのでしょうか。

　例えば,弁護士として働くためには,弁護士登録が必要となりますが（弁護士法 8 条）,そのための書類とは異なり,司法試験の答案は,その人が弁護士となるに値するだけの能力を備えているかどうかを判定するための資料となる文書ではありますが,それだけで弁護士として働く権利を発生させるものではありません。それゆえ,本問で問題となっている答案は,前者の「権利・義務に関する文書」にはあたりません。

　そうすると,ここでは,答案が「事実証明に関する文書」にあたるかどうかが問題となります。判例は,大学入試の答案を「志願者の学力の証明に関するものであって,『社会生活に交渉を有する事項』を証明する文書……に当たると解するのが相当である」としていますので〈各 537 頁以下参照〉,この判断に従えば,本問の答案も,私文書偽造罪の客体である文書にあたるといえます。

　よって,本問においては,X によって,作成者が X で,名義人が A という,その同一性を偽った事実証明に関する文書が作成されているといえますので,X には,私文書偽造罪が成立するといえるでしょう。

3　通称名の使用と偽造

問題 28-3：密入国者 X は,偽名である A の名義で発行された外国人

登録証明書を取得し，その名義で登録事項確認申請を繰り返すことに
よって，Aという氏名がXのことであるとして定着していた状況の下
で，再入国許可を取得して出国しようとして，「A」と署名した再入国
許可申請書を作成した。

　芸名やペンネームなどの通称を使用して文書を作成しても，通常は，
名義人と作成者の人格の同一性を偽ることにはなりませんので，その
場合，私文書偽造罪は成立しません。

　本問のXも，Aという氏名がXのことであるとして定着していた
のですから，「A」と署名して文書を作成しても，その名義人はAで
あり，その作成者はX a.k.a. A（Aとして知られるX）なのですから，
そこには人格の同一性が認められ，有形偽造にはあたらず，私文書偽
造罪は成立しないようにも思われます。

　しかし，判例は，本問と同様の事案について，「本件文書に表示さ
れたAの氏名から認識される人格は，適法に本邦に在留することを
許されているAであって，密入国をし，なんらの在留資格をも有し
ない被告人とは別の人格であることが明らかであるから，そこに本件
文書の名義人と作成者との人格の同一性に齟齬を生じているというべ
きである」として，私文書偽造罪の成立を認めています〈各539頁以
下〉。

　この判断に従えば，本問においては，Xによって，作成者がXで，
名義人が実質的にはXとは別人格のAという，その同一性を偽った
文書が作成されているといえますので，Xには，私文書偽造罪が成立
するといえるでしょう。

4　肩書の冒用と偽造

> 問題 28-4：Ａ大学の非常勤講師Ｘは，同じ分野の研究者であり同姓同
> 名のＡ大学の名誉教授と間違われ，出版社から郵送で論文の執筆依頼
> を受けたため，代わりにこれを執筆して原稿料を得ようとして，「Ａ大
> 学名誉教授Ｘ」の名義で署名して，執筆依頼の承諾書を作成した。

　実際には有しない肩書や資格を勝手に使用して私文書を作成しても，
通常，それは，内容の真正を偽った無形偽造にとどまり，原則として
私文書の無形偽造は不可罰ですから（例外として 160 条），そのような
行為は，文書偽造罪にはあたりません。

　例えば，学会の参加者名簿に掲載するため，学会の参加申込書に，
博士の学位も教授のポストもないＺが，「Ｂ大学教授（博士（法学））Ｚ」
と署名して提出したとしても，そのことは犯罪とはなりません。なぜ
なら，それを見た人が，「あ，Ｚさん，学位をとって教授になったん
だ」と誤信することはあっても，その文書の作成者であるＺ以外の
人物がその文書の名義人であると誤信することはないからです。

　これに対して，本問のＸのように，同姓同名の別人の肩書を使用
して勝手に文書を作成した場合には，私文書偽造罪が成立します。な
ぜなら，この場合には，肩書という氏名以外の属性が重要となって，
文書の作成者はＸなのに，その名義人は同姓同名の別人という，人
格の同一性が認められない，有形偽造がなされたことになるからです
〈各 542 頁以下参照〉。

　よって，本問においては，Ｘによって，作成者がＸで，名義人がＸ
と同姓同名の別人という，その同一性を偽った文書が作成されている
といえますので，Ｘには，私文書偽造罪が成立するといえるでしょう。

各　　論　社会的法益に対する罪

5　代理名義の冒用と偽造

> 問題 28–5：Ｘは，Ａから代理権を与えられていないにもかかわらず，「Ａ代理人Ｘ」と表示した書類を作成した。

　本問のＸは，その書類の効果が帰属する本人であるＡから代理権を与えられていないにもかかわらず，「Ａ代理人Ｘ」と表示した文書を作成しています。Ｘに代理権はなく，事実として文書に関与した者はＸだけですから，この場合の文書の作成者がＸであることは問題ないでしょう。しかし，その名義人が，本人であるＡなのか，それとも，代理人であるＸなのかが，本問では問題となります。

　これについては，学説上，①この場合は，代理資格の偽りという内容上の虚偽があるに過ぎず，名義人はＸであって，作成者であるＸとの人格の同一性が認められるから，無形偽造になる（私文書偽造罪は不成立）とする見解，②名義人は本人（Ａ）であって，作成者であるＸとの人格の同一性が認められないから，有形偽造になる（私文書偽造罪が成立）とする見解，③名義人は「Ａ代理人Ｘ」という架空の人格であって，作成者であるＸとの人格の同一性が認められないから，有形偽造になる（私文書偽造罪が成立）とする見解が対立しています。

　判例は，「その文書によって表示された意識内容にもとづく効果が，……代理された本人に帰属する形式のものであるから，その名義人は，……代理された本人である」とし，これが有形偽造になる（私文書偽造罪が成立）としています〈各545頁〉。

　判例の判断に従えば，本問においても，Ｘによって，作成者がＸで，名義人がＡという，その同一性を偽った文書が作成されていることになり，Ｘには，私文書偽造罪が成立するといえるでしょう。

6　名義人の承諾と偽造

> **問題 28-6**：X は，免停処分を受けていたが，仕事で車が必要だったため，友人 A に相談したところ，A から「何かあったら俺の名前を言うといい」と勧められた。その後，X は，無免許運転をし，取締りの警察官から免許証の提示を求められた際，「免許証は家に忘れてきました」といって，A の名前を称し，交通事件原票に「A」と署名して，これを警察官に提出した。

　私文書の場合，名義人の承諾があれば，その名義人の文書を作成しても，私文書偽造罪は成立しません。例えば，弁護士 B が事務員 C に命じて B 名義の文書を作成させた場合，その文書を事実上作成したのは C でも，B は C を通じて自分の意思を表示しているわけですから，その作成者も B ということになり，名義人 B と人格の同一性が認められるからです。

　しかし，名義人の承諾がある場合，そのことだけで，名義人と作成者との人格の同一性が肯定されるべきではないとされています。すなわち，名義人の承諾を得て作成された文書の責任をその名義人に帰属できるためには，①名義人が，文書に表示される意思・観念を自己に帰属させる意思を有していること，②事実上の作成者が，文書に表示される意思・観念を名義人に帰属させる意思を有していること，③他人名義の文書を作成することが法的に許容されること，あるいは，文書の性質上，名義人本人によって作成されることだけが予定されておらず，他人の名義使用も許されること，という 3 つの要件が必要であると解されています〈各 549 頁〉。

　判例も，本問と同様の事案について，「交通事件原票中の供述書は，その文書の性質上，作成名義人以外の者がこれを作成することは法令上許されないものであって，右供述書を他人の名義で作成した場合は，あらかじめその他人の承諾を得ていたとしても，私文書偽造罪が成立

207

すると解すべきである」としています〈各548頁〉。

　本問においては，前述の3つの要件のいずれも充たされているとは
いいがたいので，Xには，私文書偽造罪が成立するといえるでしょう。

（岡部雅人）

第29回　公務執行妨害罪

1　公務執行妨害罪とは何か

　公務執行妨害罪（95条1項）は，「公務員が職務を執行するに当た
り，これに対して暴行又は脅迫を加え」る犯罪です〈各617頁以下〉。
保護法益は，「公務」すなわち国または地方公共団体の作用ですが，
公務を私人の業務よりも厚く保護する根拠は何かが問題となります。
その際，憲法上，国民主権における公務の意味が問われることになり，
それは，国民の総意によって公務が権威づけられ，公務の円滑かつ公
正な運用が国民の幸福追求にとって不可欠であるという点にあるで
しょう。

2　公務執行妨害罪の成立要件

　公務執行妨害罪の行為客体は公務員です。公務員とは，「国又は地
方公共団体の職員その他法令により公務に従事する議員，委員その他
の職員をいう。」（7条1項）とされています。
　職務を「執行するに当たり」とは，職務の「執行に際して」の意味
に解されており，現に執行中のほか，執行直前の状態も含まれます。
具体的に問題となるのは，職務を執行すべき場所に赴く行為や，待機
中あるいは休憩中も「執行するに当たり」といえるかどうかです〈各
619頁以下〉。
　この職務は適法な職務である必要があります。「**職務の適法性**」と
いう要件は，95条に規定されていませんが，公務員の違法な職務を
保護するならば，公務員の身分・地位が保護される結果となり，また，

違法な職務執行に対しては正当防衛も可能であり，そもそも国民は違法な職務行為に服従する義務はありません。本罪の保護法益は，公務員ではなく，公務それ自体であり，職務行為の適法性は本罪の成立要件となり，「書かれざる構成要件要素」と解するべきでしょう〈各621頁〉。

「職務の適法性」については，その内容，判断基準，錯誤など重要な問題がありますが，事例問題において検討することにします。

公務執行妨害罪の「暴行・脅迫」は，広義の概念，すなわち，人に向けられた物理力の行使をいいます。暴行は，公務員の「身体」に対して加えられる必要はなく，直接・間接を問わず公務員に向けられた不法な有形力の行使（**間接暴行**）をいいます。また，本罪における暴行・脅迫は，これによって，公務員の職務の執行が現実に妨害されたことを必要とせず，妨害となるべきものであれば足ります（**抽象的危険犯**）。

公務執行妨害罪の成立要件
主体：人（制限はない）
客体：公務員
実行行為：（適法な職務執行の際の）（広義の）暴行・脅迫
結果：妨害（職務に対する抽象的危険）
故意：上記犯罪事実の認識認容

3 職務の執行

問題29-1：県議会某対策委員長Ａは，一定の内容に抗議するために訪れたＸらが執拗に抗議したため，審議を継続できないと判断して休憩を宣言しようとした。これを不服として，Ｘらは，Ａの腕を引っ張り，委員会室を出た後もＡを手拳で殴打し足蹴りなどした。

本問は，公務員に対する暴行が，職務の執行中に加えられたものか

否かという問題です。本問は休憩中の場合であり，それが職務を「執行するに当たり」に該当するかが問題となります。判例によれば，当該職務は具体的・個別的に特定されることを要するが，当該職務の執行と時間的に接着しこれと切り離せない行為についても保護の対象とされてきました〈各619頁以下〉。すなわち，ある程度継続した一連の職務として捉えられれば職務の執行中といえるでしょう。とすれば，本問における休憩宣言後も委員会としての一連の職務であり，Ｘらには，公務執行妨害罪が成立することになります。

4　職務の適法性の内容

> 問題29-2：県議会議長Ａは，懲罰動議を提出され，会議規則によれば，当該動議の先議が規定されているにもかかわらず，「すべての質疑を打ち切り，討論省略の上全上程議案を一括採択すべき」旨の緊急動議に基づいて，一括採択を謀ろうとした。議員のＸらは，議長席に殺到し，Ａに暴行を加えてこれを妨害した。

　本問は，職務の適法性の内容の問題であり，Ａは会議規則に違反しているわけですが，それではその職務は適法ではないとして，Ｘらには公務執行妨害罪が成立しないことになるのかが問題となります。

　職務行為の適法性要件として，判例・学説は一般に3つの要件をあげています。すなわち，①職務の執行が当該公務員の抽象的職務権限に属すること，②当該公務員が当該職務を行う具体的権限を有すること，③当該職務の執行が公務としての有効要件である法律上の手続・方式の重要部分を履践していることがこれです。とくに③の要件については，どの程度の方式違背が適法ではないとされるのかが問題となります。これらの手続要件の完全な具備は必要でないことから，結局，暴行・脅迫から保護すべき公務か否かという「公務の要保護性」基準

に依拠せざるを得ないでしょう。しかし，この基準は「違法な」職務を「適法な」職務へと転化させる危険性を有するという問題もあります〈各622頁〉。「公務の要保護性」基準によれば，本問のＡの職務は適法であり，Ｘらには公務執行妨害罪が成立することになります。

5　職務の適法性の判断基準

問題29-3：暴力団員のＡは，仲間のＸと歌舞伎町で飲酒し帰宅途中，新宿駅でＸがトイレに入っている間に駅員と口論となり，駅員に暴行を加えはじめた。通報により警察官Ｂが来たのを見て，Ａが，トイレから出てきたＸに「逃げろ」と叫んだので，Ｘは，事情を知らないままＡの後を走りはじめた。Ｂが，ＡとＸの２人が駅員に暴行したものと思ってＸを捕らえようとしたので，Ｘは，「俺は何もしていない」と言って，Ｂを殴りつけた（Ａは逃走した）。

　本問は，職務の**適法性の判断基準**の問題です。適法性を判断する基準については，適法性の要件が公務員の職務行為自体の国家的利益と私人の個人的利益との比較衡量の基準となる以上，適法性判断は，裁判所による客観的判断であるべきでしょう（**客観説**）〈各624頁以下〉。次に，適法性の判断が事前判断か事後判断かという問題があります。客観説に立脚した場合，その内部で，職務行為当時における具体的事情を前提とした事前判断とする「**行為時標準説**」（判例・通説）と，行為後の事情も含めた事後的な純客観的判断であるとする「**裁判時標準説（純客観説）**」が対立しています。

　本問において，「行為時標準説」によれば，警察官Ｂの行為は適法な職務とされ，Ｘには公務執行妨害罪が成立することになるでしょう。これに対して，「裁判時標準説」によれば，Ｘは現行犯人として逮捕される理由はなく，Ｂの行為は適法な職務とはいえず，Ｘには公務執行妨害罪は成立しないことになります。

6　職務の適法性に関する錯誤

> 問題 29-4：①Ｘは，窃盗容疑で警察官Ａらによって逮捕された際，Ａ
> らは逮捕状を呈示したにもかかわらず，それを見ておらず，「違法な逮
> 捕だ」と言って，Ａらに暴行を加えた。
> ②Ｙは，傷害容疑で警察官Ｂらによって緊急逮捕（刑訴法 210 条）
> されたが，逮捕状のない逮捕はすべて違法であると思い込んで，Ｂらに
> 暴行を加えた。

　本問は，職務の適法性に関する錯誤をどのように処理するかという
問題です。すなわち，当該職務行為が適法であるとされたときに，行
為者がそれを違法だと誤信して妨害した場合の処理が問題となります
〈各 625 頁以下〉。適法性要件を構成要件要素と解する以上，事実の錯
誤として故意が阻却されることになりますが，これによれば，行為者
が根拠なしに違法だと軽信した場合にも故意阻却となってしまうとい
う問題があります。したがって，適法性を基礎づける事実と適法性の
評価それ自体とを区別し（二分説），前者を事実の錯誤，後者を違法
性の錯誤とする見解が妥当でしょう。すなわち，適法性についての意
味の認識の有無によって区別されるべきです。これによれば，①の場
合は，適法性を基礎づける事実を誤認している場合ですから，事実の
錯誤であり，故意が阻却されますが，②の場合は，適法性の評価それ
自体を誤認している場合ですから，違法性の錯誤であり，故意は阻却
されないことになります。

7　暴　行

> 問題 29-5：Ｘは，警察官が覚醒剤取締法違反の現行犯逮捕の現場で証
> 拠物として適法に差し押さえたうえ，整理のため同所に置いた覚醒剤注
> 射液入りアンプル 30 本を，足で踏みつけて損壊した。

　本問は，公務執行妨害罪における暴行概念の問題です。前述のように，物に対する有形力であっても，間接的に公務員の身体に物理的に影響を与える場合であれば本罪の暴行と解することができます（**間接暴行**）。したがって，本問の X の行為は，公務執行妨害罪における暴行に当たり，X には公務執行妨害罪が成立します。さらに，公務員である執行吏がその職務を執行するにあたり，公務員ではないその補助者に対して暴行・脅迫を加えた場合にも，公務執行妨害罪の成立は認められています。

　本罪の罪数は，公務が保護法益であることから，妨害された公務の数によって決定されます。手段たる暴行・脅迫は，別罪を構成せず本罪に吸収されますが，傷害罪，恐喝罪，強盗罪，殺人罪などが成立する場合には別罪が成立し，本罪との観念的競合となります。

（高橋則夫）

第 30 回　賄賂罪

1　賄賂罪とは

　賄賂罪（197 条以下）とは，収賄罪と贈賄罪の総称です。その基本形態は，「公務員が，その職務に関し，賄賂を収受」する，単純収賄罪（197 条 1 項前段）です。同罪は，賄賂を収受した場合だけでなく，要求したり，約束しただけでも成立しますが，以下では，シンプルに，収受のケースのみを取り上げます。また，収受が問題となる場合には，**必要的共犯**として，賄賂の送り手に贈賄罪（198 条）も成立しますが，基本的には，これらをまとめて賄賂罪として，その成否を検討したいと思います。

　単純収賄罪の構成要件は，次のとおりです（その他の賄賂罪の個々の構成要件については，刑法各論の教科書で確認してみてください〈各 711 頁以下〉）。

> 主体：公務員（真正身分犯）
> 客体：公務員の職務の公正とこれに対する社会的信頼
> 実行行為：賄賂の収受，要求，約束
> 因果関係：よって（＊第 1 回の説明を参照）
> 結果：公務員の職務の公正とこれに対する社会的信頼を害することの抽象的危険の発生
> 故意：職務に関する不正な利益であること（賄賂性）の認識

2　賄賂罪の保護法益

> 問題 30-1：文部科学省の官僚Ｘは，新学部の設置認可を申請中の私立

大学の理事長Ｙから，「いつもお世話になっております」といって100万円の現金の入った封筒を渡されたので，黙ってこれを受け取った。

　本問のＸは公務員（7条1項参照）ですから，単純収賄罪の主体であることは間違いありません。

　もっとも，Ｘは，Ｙから100万円を受け取ってはいるものの，Ｙの便宜を計るために，具体的に何か不正な行為をしたり，相当な行為をしなかったわけではありません。しかし，単純収賄罪においては，実際に公務員が賄賂によって左右され，何か不正な行為をしたり，相当な行為をしなかったことは，その成立要件とされていません。

　よって，このような場合にも，Ｘには単純収賄罪が成立し，Ｙには贈賄罪が成立します（なお，Ｘが実際に左右された場合には，Ｘには加重収賄罪（197条の3）が成立します）。

　ちなみに，これは，Ｘが適切に職務を遂行していて，そのことに対して，Ｙがお世話になっていることに対するお礼の趣旨で同じことをした場合であっても同様です。つまり，賄賂というのは，「公務員による不適切な職務に対する対価」だけでなく，「公務員の職務に対する不適切な対価全般」のことをいうのです。

　では，公務員が具体的に相手の便宜を計っていなくても，なぜ賄賂罪は処罰されるのでしょうか。それは，公務員がただ賄賂を収受しただけでも，「公務が賄賂によって左右されたのではないか」という不信感を人々に抱かせることになるからです。人々がこのような不信感を抱けば，「公務の適正な遂行」という国の作用を危うくさせることにもなりかねません。それゆえ，判例は，賄賂罪の保護法益を「**公務員の職務の公正とこれに対する社会一般の信頼**」としており〈各696頁〉，学説上も，「公務員の職務が公正に行われること」と「それに対する社会一般の信頼」を保護法益とする**信頼保護説**が通説となっています。

3　具体的職務権限

> 問題 30-2：内閣総理大臣 X は，L 社の日本における販売代理店 M 社の社長 Y から 5 億円を受け取り，航空会社 A に L 社の特定機種の航空機を購入させるため，A 社に行政指導をするよう国土交通大臣に働きかけた。

　賄賂罪は，公務員が「その職務に関し」賄賂を収受・要求・約束することによって成立します（なお，他の公務員への紹介，仲介，働きかけ，依頼などの「あっせん」に対する報酬が問題となる，あっせん収賄罪（197 条の 4）は除きます）。

　職務とは，「公務員がその地位に伴い公務として取り扱うべき一切の執務」をいいます〈各 698 頁〉。その範囲は，原則として法令によって定められますが，必ずしも法令に直接の規定があることは必要ではなく，法令の解釈によって合理的に確定できれば足ります。職務には，正当なものだけでなく，不正なものも含まれ，不正な職務には，不作為の場合も含まれます〈各 699 頁以下〉。

　このことを踏まえて，本問をみてみましょう。X は，内閣総理大臣の地位にあって，国土交通大臣に対して，特定機種の航空機を購入するよう A 社に行政指導をするように働きかけています。本問は，「ロッキード事件丸紅ルート」〈各 699 頁〉をもとにしたものですが，同事件につき，判例は，「運輸大臣〔現在の国土交通大臣〕が全日空に対し L1011 型機の選定購入を勧奨する行為は，運輸大臣の職務権限に属する行為であり，内閣総理大臣が運輸大臣に対し右勧奨行為をするよう働き掛ける行為は，内閣総理大臣の運輸大臣に対する指示という職務権限に属する行為ということができるから，X が内閣総理大臣として運輸大臣に前記働き掛けをすることが，賄賂罪における職務行為に当たるとした原判決は，結論において正当として是認することができる」とし

て，Ｘの行為が，**具体的職務権限**に基づいて現に担当している職務に関するものであるとしています。

よって，本問についても，賄賂罪が成立することになります。

4 一般的職務権限

> 問題30-3：警視庁Ａ警察署に勤務している警察官Ｘは，ある刑事事件について警視庁Ｂ警察署長に告発状を提出していたＹから，その事件について捜査情報の提供や捜査関係者への働きかけなどの有利かつ便宜な取り計らいを受けたいとの趣旨で，現金合計250万円を渡され，これを受け取った。

本問のＸは，警視庁Ａ警察署に勤務していますが，勤務先とは別の，警視庁Ｂ警察署の扱う事件について，Ｙから相談され，現金を受け取っています。このような場合にも，「その職務に関し」賄賂を収受したことになるのでしょうか。

判例・通説は，公務員にその職務を行う具体的権限（事務分配）がなくても，その職務がその公務員の**一般的職務権限**に属するものであれば職務にあたるとしています。本問と同様の事案について，判例は，「警察法64条等の関係法令によれば，同庁警察官の犯罪捜査に関する職務権限は，同庁の管轄区域である東京都の全域に及ぶと解されることなどに照らすと，被告人が，調布警察署管内の交番に勤務しており，多摩中央警察署刑事課の担当する上記事件の捜査に関与していなかったとしても，被告人の上記行為は，その職務に関し賄賂を収受したものであるというべきである」としています〈各701頁〉。

よって，本問についても，Ｘは「その職務に関し」賄賂を収受したものということができ，賄賂罪が成立することになります。

5　職務密接関連行為

問題 30-4：文部科学省の審議会である大学設置審議会およびその専門委員会の委員であるＸは，大学設置の認可申請をしていた同設置準備委員会実行委員のＹから，その調査審議について便宜な取り計らいを受けたいとの趣旨で現金150万円を受け取り，Ｙに対して，教員予定者の適否を同委員会の審査基準に従ってあらかじめ判定してやり，また，同委員会の中間的審査結果をその正式通知前に知らせてやるなどした。

　本問のＸは，大学設置審議会およびその専門委員会の委員であり，その本来の職務は，大学設置審議会の審査審議に加わり，また，専門委員会での審査に参加し，あるいは，それらに付随する準備的活動を行うことですから，Ｘがしたことは，本来の職務であるとはいえません。このような場合にも，賄賂罪は成立するのでしょうか。

　判例は，その公務員の本来の職務行為ではなくても，それと密接に関連する行為についてであれば，賄賂罪が成立するとしています。なぜなら，信頼保護説（前述２参照）によれば，**職務密接関連行為**であっても，それに対して賄賂の授受がなされれば，職務の公正とそれに対する社会の信頼が害されることになるからです〈各704頁〉。

　職務密接関連行為は，一般に，①本来の職務行為ではないけれども，慣行上担当している場合と，②自己の職務権限に基づいて事実上の影響力を及ぼしうる場合の，2つの類型に分けられますが〈各704頁以下〉。本問のＸの行為は，②にあたるものといえます。

　そして，本問と同様の事案について，判例は，「Ｘの右各行為は，右審議会の委員であり且つ右専門委員会の委員である者としての職務に密接な関係のある行為というべきである」としています〈各700頁（大学設置審事件）〉。

　よって，本問についても，Ｘは「その職務に関し」賄賂を収受したものということができ，賄賂罪が成立することになります。

6　過去の職務

> 問題 30-5：国立大学法人Ａ大学の准教授Ｘは，Ｘの担当する２年次配当の必修科目を再履修していた４年生Ｙの試験が特に問題なくできていたので，70点の成績をつけてＹの単位を認定した。それによって無事に卒業できたＹは，卒業後の新年度の４月末にＸの研究室を訪れ，「先生のおかげで無事に卒業できて，今は社会人として頑張れてます！　本当にありがとうございました！　これはあの時の感謝の気持ちです！」と言って，初任給として得た手取りの15万円全額を封筒に入れてＸに渡し，Ｘは快くこれを受け取った。

　本問において，Ｘは，不正にＹを卒業させたわけではなく，普通に成績評価をした結果としてＹの単位を認定しただけです。これに対して，Ｙは，感謝の気持ちと称して，Ｘに現金を渡しているわけですが，このように，過去に行われた正当な職務に対するものについても，賄賂罪は成立するのでしょうか。

　判例・通説は，過去に行われた職務についても，賄賂罪の成立を認めています〈各702頁〉。信頼保護説（前述２参照）によれば，過去の職務と賄賂との対価関係が認められれば，職務の公正に対する社会の信頼は侵害されることになるわけですから，賄賂罪が成立するのは当然のことだといえるでしょう。

　なお，刑法典は，過去の不正な職務に関して賄賂を収受した場合について，加重収賄罪の規定を設けていますが（197条の３第２項），Ｘは，「その職務上不正な行為をした」わけでも「相当の行為をしなかった」わけでもありませんので，これにはあたりません。

　よって，Ｘには，単純収賄罪が成立します。

> 問題 30-6：Ａ県職員のＸは，Ａ県建築部建築振興課宅建業係長として，Ａ県宅地建物取引業協会に対する指導助言などの職務に従事していた

が，人事異動により他の部署へと異動となり，これまでとは異なる業務を担当することになった。その後，Ｘは，宅地建物取引業を営むＢ社の代表取締役で，業界団体の支部長であったＹから，Ｘが建築部にいる間，Ｘから業界団体の業者に対する指導監督などに便宜な取り計らいを受けたことに対する謝礼の趣旨で，現金 50 万円を渡され，これを受け取った。

　本問のＸのように，公務員が一般的職務権限を異にする地位に転職した後に，転職前の職務に関して賄賂の授受が行われた場合，いかなる賄賂罪が成立するのでしょうか。なお，本問のＸは，Ｙに実際に便宜な取り計らいをしていますので，ここでは，「不正な行為をしたこと」に対する賄賂が問題となります。

　刑法典は，「公務員であった者が，その在職中に請託を受けて職務上不正な行為をしたこと又は相当の行為をしなかったことに関し」，賄賂を収受した場合について，事後収賄罪の規定を設けています（197条の 3 第 3 項）。しかし，本問のＸは，担当する職務は違いますが，今でも公務員ではあるので，このような場合にも，「公務員であった者」に適用されるこの規定を用いるべきなのかが問題となります。

　この点，判例は，「いやしくも収受の当時において公務員である以上は収賄罪はそこに成立し，賄賂に関する職務を現に担任することは収賄罪の要件でないと解するを相当とする」としています（**無限定説**）〈各 703 頁〉。

　これに従えば，本問についても，Ｘには，事後収賄罪（197 条の 3 第 3 項）ではなく，加重収賄罪（197 条の 3 第 2 項）が成立し，Ｙには，それに対する贈賄罪が成立することになります。

7　賄賂の意義

問題 30-7：Ａ県知事Ｘは，Ａ県が主催する大規模イベント事業を，広告代理店Ｂ社に発注した。Ｂ社が同事業を受注したとき，Ｘから有利かつ便宜な取り計らいを受けたことに対する謝礼の趣旨で，Ｂ社の社長Ｙは，Ｘが人気アイドルグループ SanziU の大ファンなのを知っていたので，芸能事務所とのコネを使って，そのメンバーを呼び，Ｘに会わせ，握手をさせた。

　賄賂とは，公務員の職務行為に対する対価としての不正な報酬のことをいいます。賄賂は「職務行為に対するものであれば足り，個々の職務行為との間に対価関係のあることを必要とするものではない」とされています〈各706頁〉。

　なお，賄賂というと，現金や高価な品物を受け取るものというイメージが一般的かと思われますが，本問のＸは，自分の好きな芸能人に会わせてもらって，握手をしてもらっているだけです。このような場合にも，賄賂を収受したことになるのでしょうか。

　判例によれば，「賄賂は財物のみに限らず又有形たると無形たるとを問はず苟も人の需要若くは欲望を充たすに足るべき一切の利益を包含するものとす」とされており，金銭，物品，不動産等に限られず，債務の弁済，金融の利益，芸妓の演芸，異性間の情交，就職のあっせん，地位の供与，値上がりが確実な未公開株式の譲渡，ゴルフクラブの会員権，売買代金が時価相当額であった場合の土地売買による換金の利益なども，すべて賄賂となるとされています〈各706頁以下〉。

　よって，Ｘがしてもらったことも賄賂にあたるとみることができ，本問についても，賄賂罪が成立することになります。

8　社交儀礼と賄賂

> 問題 30-8：公立中学校の教諭Ｘは，Ｘが顧問をしている野球部に所属する生徒Ａの父親Ｙから，Ｘが日頃から放課後のみならず土日も返上して熱心にＡを指導してくれていることへの感謝の気持ちとして，お歳暮にプレミアムなビールの詰め合わせを贈られ，これを受け取った。

　本問のＸは，Ｙからお歳暮を受け取っています。このような社交上の儀礼的贈答も賄賂にあたるのでしょうか。

　判例は，社交上の儀礼的贈答であっても，それが公務員の職務に関してなされるものである以上，賄賂罪が成立することはもちろんであり，その額の多少，公務員の社交上の地位，もしくは時期がどうであろうと，公務員の私的生活に関する社交上の儀礼による贈答にとどまるものと認めなければならない理由はないとして，それが職務に関してなされるものである以上，賄賂にあたるとしています〈各707頁〉。

　もっとも，その供与をもって直ちに職務行為そのものに関する対価的給付であると断ずるには，贈答状況，金額，他の同業者の場合における同種事情，他の無罪とされた事実との対比等の諸事情一切を総合考慮すると，なお合理的な疑いがあるとして，総合的な判断に基づいて，対価関係の存在を否定することによって，賄賂罪の成立を否定した判例もみられます〈各707頁以下〉。

　それゆえ，本問についても，その贈答に職務との対価関係が認められるか否かによって，賄賂罪の成否が決まることになるといえます。

　なお，学説には，さらに進んで，社会的慣習ないし儀礼の範囲内であれば，それが職務行為と対価的関係にあったとしても，賄賂には当たらないと解すべきとする見解もあります〈各708頁〉。

（岡部雅人）

最終回　もっと遠くへ

1　条文からスタート ── start dash

　みなさん，いよいよ最終回となりました。刑法総論と刑法各論の基本事例を素材に，ああだこうだと議論し，いろいろ考えていただけましたか。そうであれば，もはや，「何も言えねえー」という感じですが（笑），最後に，もう2つほどお話ししておきます。

　それは，まず第一に，「条文からスタート」ということです。条文を単に眺めるのではなく，条文を読み込むことが必要です。この作業は，結局，条文を通して規範（ルール）を探求していく作業にほかならず，条文を解釈して，規範（ルール）を形成し，概念化していくことです。したがって，「規範からスタート」と言ってもいいでしょう。

　その際，当該規範を具体的に構築することが必要であり，その方法として，まずは，条文（規範）の予定する通常事例・典型事例を設定することが大事であるというのが，本書の意図でした。「窃盗罪は，例えば，……という場合に成立する」とか，「詐欺罪の具体例は，……である」などと，当該条文，犯罪成立要件，理論的枠組みなどが予定する通常事例・典型事例を挙げられるように学習することが肝要です。そして，次に，この通常事例・典型事例を徐々に修正してどの事例までが当該条文（規範）の射程範囲かを吟味することによって，当該条文（規範）の射程外の事例を明らかにするという方法がおすすめです。前に言ったように，学生が学習の対象としている判例（例えば，判例百選などに掲載されている判例）は，通常事例・典型事例ではなく，例外事例・問題事例であることから，条文の予定する通常事例・

225

典型事例からスタートすることを忘れがちです（これを忘却犯と言います（笑））。

とにかく，日々の学習の中で，条文を基礎として，判例・学説のジャングルの中で悪戦苦闘することしかないように思います。団藤博士は，「法の解釈」について次のように言われました。すなわち，「比喩的にいえば，それは水泳のようなもので，初学者はまず水中に入ってトレイニングをしなければならないのであって，たたみの上の水練はまちがいのもとである。その意味で，解釈法学は，いきなり憲法，民法，刑法，訴訟法といった実定法にぶつかって，そこで直接に解釈というものを体得するにこしたことはないのである。」と（団藤重光『法学の基礎［第2版］』（有斐閣，2007年）343頁以下）。

2　次のステップへ ── step by step

本書を基礎にして，次のステップに移行するわけですが，若干の具体例をお話しして，終わりにしたいと思います。2つの例（殺人罪と因果関係）を出しましょう。

殺人罪の典型例は，「Xは，日頃恨みを抱いていたAを殺害しようと考え，ナイフでAの胸部を刺した結果，Aが死亡した。」という事例です。この場合，既に述べたように，最初に行う作業は，Xの行為を特定することであり，それは，「刺突行為」です。これができれば，あとは，この刺突行為に対して刑法的評価をしていけばいいわけです。

それでは，次の事例はどうでしょうか。行為を特定すること，実行行為性を判断することがやっかいな問題です。

> 事例1：Xは，妻Aからヒモ呼ばわりされたり，罵られたことで激昂し，台所から包丁を取り出してAに向かって行き，驚いて逃げようとしたAを居間に仰向けに押し倒して，殺意をもって，包丁で胸部を数

回突き刺した。Ｘは，重傷を負ったＡが玄関から逃げ出そうとすると，包丁を持ったまま後を追って居間に連れ戻したところ，Ｘが謝罪したので，台所へ包丁を置きに行った。ところが，その隙に，Ａがベランダの外側に向けて，膝を曲げた状態で，手すり伝いに隣家に逃げ込もうとしていたので，Ｘは，ガス中毒死させるためにＡを連れ戻そうとして，Ａに掴みかかったところ，Ａがこれを避けようとしてバランスを崩し，ベランダ（マンションの９階）から転落して死亡した。

　事例１は，「ベランダ転落死事件」〈総 75 頁〉ですが，Ｘのいかなる行為が問題となるのか考えて下さい。刑法的評価をするに相応しい行為を特定すればいいわけですが，そのためには，行為論という哲学ワールドに入り込むことになります〈総 74 頁以下〉。その点は省略しますが，社会的行為論によれば（と自説に誘導（笑）），「意思支配可能な社会的意味のある運動・静止」を選択することになり，それは，「刺突行為」と「掴みかかる行為」となるでしょう。次に，この２つの行為に対して「実行行為」判断を行いますが，３つの可能性があります。すなわち，実行行為を，①刺突行為だけに認めるか，②掴みかかる行為だけに認めるか，③刺突行為と掴みかかる行為の両方に認めるか，ということです。みなさん，自分で考えてみて下さい。「ベランダ転落死事件」につき，裁判所は，殺意の連続性を根拠にして，一連の実行行為性を肯定して（③の立場です），殺人既遂罪の成立を認めました。

　このように，殺人罪の典型例からスタートして，徐々に複雑な事例にステップアップしていくわけで，通常事例と例外事例との「視線の往復」をつねに心がけて下さい。

　もう一つ例を挙げます。因果関係の問題ですが，第１回で学んだように，現在では，判例・通説は「危険の現実化」という規範的枠組みを採用しています。「危険の現実化」の典型例については，第１回のところで示されているので，そこをご覧下さい。それでは，次のよう

な事例は，どうでしょうか。

> 事例2：Xは，洗面器や皮バンドでAの頭部等を多数回殴打するなどの暴行を加えた結果，Aに脳出血を発生させて意識消失状態に陥らせた後，Aを自動車で運搬し，深夜の資材置場に放置して立ち去った。ところが，うつ伏せの状態で倒れていたAは，生存中さらにYによって角材で頭頂部を数回殴打され，翌日未明，死亡するに至った。Aの死因は脳出血であり，それはXによる当初の暴行により形成されたものであり，資材置場でのYによる暴行は，すでに発生していた脳出血を拡大させ，幾分か死期を早める影響を与えるものであった。

　事例2は，「大阪南港事件」〈総131頁〉ですが，Xの行為とA死亡との間に「危険の現実化」は肯定できるでしょうか。「危険の現実化」が肯定できるのはYの行為であり，Xの行為はYの行為によって「危険の現実化」が否定されるのではないかとも考えられます。しかし，最高裁は，Xの暴行とAの死亡との間には因果関係が認められると判示しました（傷害致死罪が成立）。その理由はどこにあるのでしょうか。

　さらに，次の事例はどうですか。

> 事例3：Xら6名が，深夜の公園およびマンション居室において，Aに激しい暴行を加え，Aはすきを見て逃走したが，約10分後，追跡を免れるため，マンションから約800メートル離れた高速道路に進入し，疾走してきた自動車に轢過されて死亡した。

　事例3は，「高速道路進入事件」〈総140頁〉ですが，Xらの行為とAの死亡との間に「危険の現実化」は肯定できるでしょうか。Aが無謀にも高速道路に進入したことから，「危険の現実化」は否定されるのではないかとも考えられます。しかし，最高裁は，Xらの暴行とAの死亡との間には因果関係が認められると判示しました（傷害致死罪が成立）。その理由はどこにあるのでしょうか。

これらの事例について，最高裁がどのような理由で因果関係を肯定したかという問題を，これからじっくり勉強して下さい。その際，「判例はこれこれだよね。」と簡単に済ますのではなく，判文を舐めるように読むことが大事です（実際に舐めないで下さいね。スカと出ます（笑）。）。

　いずれにせよ，本書を出発点として，徐々に複雑な事例に立ち向かって下さいということです。それでは，みなさん，元気に勉強して下さいね。

　「元気があればなんでもできる（アントニオ猪木）」わけですから，刑法事例も簡単に解決できます。「元気ですか！」と，最後も失笑で締めたいと思います。

（高橋則夫）

編者紹介

高 橋 則 夫（たかはし・のりお）………序, 第 5, 7, 10, 25, 26, 29 回, 最終回
    1975 年　早稲田大学法学部卒業
    現　在　早稲田大学名誉教授
    〈主要著作〉
    『共犯体系と共犯理論』（成文堂, 1988 年）
    『規範論と理論刑法学』（成文堂, 2021 年）
    『刑法総論』（成文堂, 第 5 版, 2022 年）
    『刑法各論』（成文堂, 第 4 版, 2022 年）
    『ブリッジブック刑法の考え方』（編著）（信山社, 第 3 版, 2018 年）
    『授業中　刑法講義』（信山社, 2019 年）

執筆者紹介

岡 部 雅 人（おかべ・まさと）………第 1, 4, 15, 17, 21, 24, 28, 30 回
    2000 年　早稲田大学法学部卒業
    現　在　国士舘大学法学部教授
    〈主要著作〉
    「過失不作為犯における『注意義務』について」『曽根威彦先生・田口守
    一先生古稀祝賀論文集［上巻］』（成文堂, 2014 年）
    「過失犯における『因果経過の予見可能性』について ── 渋谷温泉施設爆
    発事故最高裁決定をてがかりとして ── 」『理論刑法学の探究⑩』（成
    文堂, 2017 年）
    『刑法の時間』（共著）（有斐閣, 2021 年）

山 本 紘 之（やまもと・ひろゆき）…第 2, 6, 8, 11, 13, 16, 19, 22 回
    2001 年　中央大学法学部卒業
    現　在　大東文化大学法学部教授
    〈主要著作〉
    『たのしい刑法 II〔各論〕』（共著）（弘文堂, 第 2 版, 2017 年）
    「治療中止における手続履践の刑法的意義」『刑事法学の未来　長井圓先
    生古稀記念』（信山社, 2017 年）

Der Wandel der Fahrlässigkeitslehre in Japan, in : Aktuelle Entwicklungs-
linien des japanischen Strafrechts im 21. Jahrhundert, Mohr Siebeck,
2017.

小 島 秀 夫（こじま・ひでお）………第 3, 9, 12, 14, 18, 20, 23, 27 回
　2005 年　明治大学法学部卒業
　現　　在　明治学院大学法学部教授
　〈主要著作〉
　『幇助犯の規範構造と処罰根拠』（成文堂，2015 年）
　「正当化事由規定における『許容』の意味 ── 正当化事情の錯誤に関連し
　　て ── 」『市民的自由のための市民的熟議と刑事法　増田豊先生古稀祝
　　賀論文集』（勁草書房，2018 年）
　「名誉毀損罪における事実証明規定をめぐる規範論的考察」大東法学 28
　　巻 2 号（2019 年）
　「共謀概念の言語哲学的考察」大東法学 30 巻 1 号（2020 年）

授業中　刑法演習 ── われら考える，故にわれらあり

2021 年(令和 3 年) 3 月 30 日　第 1 版第 1 刷発行
2023 年(令和 5 年) 1 月 13 日　第 1 版第 2 刷発行

編　者　高　橋　則　夫
発行者　今　井　　　貴
　　　　今　井　　　守
発行所　信山社出版株式会社
〒113-0033 東京都文京区本郷 6-2-9-102
Tel 03-3818-1019
Fax 03-3818-0344
info@shinzansha.co.jp

Printed in Japan

ⓒ高橋則夫，2021. 印刷・製本／亜細亜印刷・渋谷文泉閣

ISBN978-4-7972-2802-1 C3332

JCOPY 〈出版者著作権管理機構 委託出版物〉
本書の無断複製は著作権法上での例外を除き禁じられています。複製される
場合は，そのつど事前に，(社)出版者著作権管理機構(電話 03-5244-5088，
FAX03-5244-5089, e-mail:info@jcopy.or.jp) の許諾を得てください。

高橋則夫 著
授業中　刑法講義　　　　　　　　　　　　　　　2,200 円

高橋則夫 編
ブリッジブック刑法の考え方〔第3版〕　　　　　2,200 円

高橋則夫ほか 編
刑事法学の未来〔長井圓先生古稀記念〕　　　20,000 円

辰井聡子・和田俊憲 著
刑法ガイドマップ（総論）　　　　　　　　　　　2,000 円

（本体価格）
─────────────── 信 山 社 ───────────────

町野朔ほか 編

プロセス演習刑法〔総論・各論〕　　　　　3,600 円

甲斐克則 編

ブリッジブック医事法〔第 2 版〕　　　　　2,600 円

長谷川晃・角田猛之 編

ブリッジブック法哲学〔第 2 版〕　　　　　2,300 円

南野森 編

ブリッジブック法学入門〔第 3 版〕　　　　2,400 円

―――――――――――― 信 山 社 ――――――――――――

（本体価格）

池田真朗ほか 編

法学六法' 23   1,200 円

三上威彦 編

法を学ぼう   2,600 円

小野秀誠 著

法律学習入門   2,500 円

小室百合 著

法律の条文解釈入門〔新版〕   1,900 円

(本体価格)

――――――――――――― 信 山 社 ―――――――

町野朔 著

刑法総論　　　　　　　　　　　　　　　　5,600 円

岡本勝 著

犯罪論と刑法思想　　　　　　　　　　　10,000 円

松澤伸 著

機能主義刑法学の理論　　　　　　　　　6,800 円

津田雅也 著

少年刑事事件の基礎理論　　　　　　　　7,800 円

———————— 信 山 社 ————————（本体価格）

判例プラクティス・シリーズ

宍戸常寿・曽我部真裕　編

判例プラクティス憲法〔第3版〕　　　　　　　4,300 円

松本恒雄・潮見佳男・下村信江　編

判例プラクティス民法 I　総則・物権〔第2版〕

4,300 円

3,800 円

松本恒雄・潮見佳男　編

判例プラクティス民法 II　債権　　　　　　　3,600 円

松本恒雄・潮見佳男・羽生香織　編

判例プラクティス民法III　親族・相続〔第2版〕

3,000 円

成瀬幸典・安田拓人　編

判例プラクティス刑法 I　総論〔第2版〕　　4,000 円

成瀬幸典・安田拓人・島田聡一郎　編

判例プラクティス刑法 II　各論　　　　　　4,480 円

(本体価格)

―――――――――― 信 山 社 ――――――――――